임건순

충남 보령 출신의 젊은 철학자. 제자백가, 그중에서도
소외당해 온 법가와 병가, 묵자를 꾸준히 공부하고 알려 왔다.
단순한 텍스트 해석에 머물지 않고 우리가 함께 사는 이 땅을
좀 더 낫게 바꾸는 고전 읽기를 하고자 애썼다. 실사구시와
합리주의를 추구하는 동양철학이 공동체의 대안이 될 수
있다는 믿음으로 패기 있는 청년들과 고전을 함께 읽으며
한국에 새로운 법가 사상의 토양을 일구려 한다.
『묵자, 공자를 딛고 일어선 천민 사상가』, 『오자, 손자를
넘어선 불패의 전략가』, 『순자, 절름발이 자라가 천 리를
간다』와 『제자백가, 공동체를 말하다』, 『제자백가, 인간을
말하다』를 썼고 『손자병법, 동양의 첫 번째 철학』, 『병법
노자, 생존과 승리의 제왕학』과 『암송 대학·중용』, 『암송
도덕경』을 선보이며 지금 한국에서 동양고전 읽기의 방법과
대안을 내놓고 있다.

한국에서 법가 읽는 법

한국에서
법가 읽는 법

'법대로' 굴러가는 사회의
시민으로 살기 위하여

임건순 지음

유유

법가 사상의 기초를 익히는 책

그동안 밖에서 시민들을 만나 법가 강의를 쭉 해 왔고 젊은이도 많이 만났습니다. 그런데 이렇게 법가 이야기를 책으로 풀어내긴 처음이군요. 역시 처음은 설렙니다.

요즘 인문학 열풍이 일고 있습니다만 법가 사상은 좀 낯설어하는 분이 많을 듯합니다. 동양철학 하면 아마 가장 먼저 유가儒家가 떠오를 겁니다. 공자가 창시한 유가는 동양 사상의 주류가 되어 '유교'儒敎로까지 숭앙받고, 성리학은 조선 시대를 주름잡았죠. 하지만 공자왈 맹자왈, 솔직히 좀 고리타분하고 현실과 동떨어진 얘기 같고 우리 사회에 남긴 폐해도 적지 않습니다.

원래 동아시아 정신세계는 훨씬 깊고 넓고 다양합니다. 유가 외에도 도가, 묵가, 병가, 법가 등 다채로운 사상이 있는데도 우리가 지나치게 유가 중심으로 편식하며 균형 잃은 공부와 연구를 해 왔기 때문에 좁게만 보고 편향적으로만 이해해 온 겁니다. 조선 시대도 아닌데 아직도 우리는 유가적 사고방식에서 자유롭지 않고 유가의 때를 벗지 못했습니다. 이제 여러 사상을 공평한 눈으로 살피면서 그 결을 느끼고 그 속에서 지혜를 찾고, 우리 생각의 깊은 뿌리로 삼아야 하지 않을까요?

유가가 군자君子로 대표되는 개인의 수신을 중히 여긴다면, 그와는 달리 합리성과 명확함을 추구하는 동양철학이 병가와 법가입니다. 이 책은 그중에서 법가 사상의 기초 공부를 돕는 책이지요.

법가는 감성이 아니라 이성을 이야기합니다. 복고가 아니라 변화와 개혁을 말합니다. 관념적 정의가 아니라 입체적 분석과 구체적 방안을 내놓습니다. 개인의 수신이 아니라 성과를 내는 조직을 목표로 하고, 막연한 이상이 아닌 제도와 정책을 통해 사회를 좀 더 낫게 만드는 방법을 모색합니다. 춘풍春風이 아니라 추상秋霜 같은 철학이죠.

이 책에 이어 앞으로도 한비자와 상앙 등 법가 이야기를 계속 써 나갈 작정입니다. 제가 생각하고 소망하는 바가 있기 때문입니다. 지금 우리에게는 법가의 지혜와 자극이 필요합니다. 한국 사회의 고질적 문제를 푸는 데에 법가의 통찰력이 대안적 에너지를 줄 수 있다고 생

각합니다. 특히 새로운 사회와 상식, 새로운 내일을 꿈
꾸는 젊은이와 미래 세대에게 법가의 문제의식과 콘텐
츠는 방향성을 제시하고 세상을 바꾸는 힘을 키우는 데
보탬이 되리라 믿습니다.

법가의 세계로 오신 여러분, 두 팔 벌려 환영합니다.
그러면 법가 철학만의 개성과 힘을 느끼러 가 보실까요.

1

{ 진나라는 어떻게 천하를 통일했나? }

대학자 순자는 왜 진나라를 극찬했을까?

요새는 견고하고 험하며 땅의 형세는 유리해 보입니다. 산림과 냇물, 골짜기는 아름다우며 하늘이 준 자원의 이점까지 많으니 매우 뛰어난 지형입니다. 국경 안으로 들어가 나라 풍속을 보면 백성은 순박하고 음악은 음란하지 않으며 옷은 경박하지 않고 관리를 두려워하면서도 순종하고 있으니 옛날 백성과 같습니다.

도시 안의 관청에 들어가 보면 여러 관리가 모두 숙연하고 공손하며 검소하고 성실하고 충성스럽고 신의가 있어 보이니 옛날 관리와 같습니다. 도읍에 들어가 선비들을 보면 집 문을 나서면 곧장 관청으로 들어가고 관청 문을 나서서는 곧장 집으로 들어가며 사사로운 일을 꾀하는 경우가 없어 보입니다. 자신과 뜻이 맞는 이들하고만 친하게 지내지 않고 사적으로 붕당을 만들지 않으며 모두가 밝게 통하도록 공무를 처리하고 있으니 옛날 선비와 같습니다. 조정에 들어가 보면 정사를 듣고 처리함에 일들을 미루거나 남겨 두지 않고 마치 따로 다스리는 사람이 없는 듯 고요하니 옛날 조정과 같습니다.

그러므로 4대(효공-혜문군-무왕-소양왕)에 걸쳐 승리를 거듭해 온 것은 결코 요행이 아니라 당연한 일이겠지요. 이것이 제가 본 대로입니다. 그러므로 '편안하면서도 다스려지고 간략히 하는데도 일은 자세히 처리되고 번거롭지 않아도 공로가 이룩된다'고 할 수 있는데 진나라의 통치는 다스려짐의 극치라 하겠습니다.●

전국시대에 내로라하는 학자들이 모인 제齊나라 직하학궁稷下學宮●●, 거기서 학자들의 대표인 좨주祭酒를 세 번이나 역임한 사람이 있습니다. 바로 순자荀子입니다. 성악설性惡說로 유명한, 하지만 성악설로만 기억해서는 안 되는 인물인 대학자 순자. 그가 진秦나라 수도 함양에 들렀습니다.

'대학자 순자'라고 하니 좀 어색한가요? 사실 순자는 전국시대 말기에 유가儒家를 중심으로 제자백가 사상을

● 『순자』 「강국」(強國)
●● 제나라의 왕립 학술연구기관으로 출신국가나 학파에 관계없이 천하의 지식인이 모여들어 학문과 교육, 저술과 토론에 매진했습니다. 정치의 개입 없이 사상의 자유와 학술의 독립이 보장된 백가쟁명의 주요 무대였지요.

종합한 인물입니다. 당대의 모든 학자들이 인정한 학계의 거두였죠. 이런 순자가 진나라에 왔습니다.

여러분은 진나라 하면 어떤 것들이 떠오르십니까? 아방궁과 만리장성의 진시황제? 최초로 중국을 통일한 대제국? 화폐와 도량형과 문자를 통일한 나라? 가혹한 폭정으로 인해 단명한 나라?

법, 특히 엄격한 형법과 형벌이 생각나는 분도 계실 듯합니다. 중국 철학에 관심 있는 분들은 법가法家 그리고 상앙商鞅과 이사李斯, 한비자韓非子 같은 인물이 떠오르시겠지요. 그런데 진의 이미지가 무시무시한 형법으로 통치한 강압적인 국가상이다 보니, 보통 진나라를 번영시킨 법가 사상가와 그들이 주장했던 법치에 대한 이미지가 썩 좋지는 않죠.

앞의 인용문은 진의 재상 범수范睢가 "진나라에 와서 어떤 인상을 받으셨는지요?"라고 묻자 순자가 한 대답입니다. 순박한 백성, 청렴하고 유능한 관리, 지리적 이점과 풍부한 물자 등을 언급하며 진의 부강함과 저력을 칭찬하고 있군요. 우리가 아는 진의 이미지와는 딴판이지요?

이렇듯 역사에 그려진 진나라와 실제 진나라의 모습은 많이 다릅니다. 후세 역사학자와 유학자 들이 날조하다시피 해서 진의 이미지를 왜곡한 부분이 있는데요, 그러다 보니 진을 번영으로 이끈 법가 사상가와 그들이 주장한 법치 역시 많은 오해를 받았지요.

법가는 가혹함만을 내세우지도, 백성을 힘으로 찍어 누르자고 주장하지도 않았습니다. 법가는 사회과학적 사고를 통해 평등하고 합리적인 시스템을 구축하고, 그에 기반해 국력을 신장시키려 한 독자적이고 선진적인 정치사상이었습니다.

진나라의 선진적인 법치 시스템, 천하통일의 발판이 되다

진나라에서 처음 법가 사상으로 강력한 개혁 드라이브를 펼친 인물은 상앙(?-기원전 338)입니다. 위衛나라 출신인 상앙은 당시 강국이던 위魏나라로 갔지만 위나라 군주는 그의 능력을 알아보지 못했습니다. 그러자 널리 인재를 구하던 진나라 효공孝公을 찾아왔지요. 그리고 변법變法, 즉 법을 고치는 개혁을 추진하여 국가 체제를 재편했습니다.

당시 진은 왕실의 오랜 내분으로 국력이 쇠약해져 있었습니다. 중원과는 거리가 멀어 문화도 낙후한 상태였고, 중원 열국에게 '서방의 오랑캐'로 취급되는 나라였지요. 하지만 중원의 치열한 전쟁에서 벗어난 지역이었고, 위수 분지를 중심으로 한 천연의 요새를 지녔으며 땅의 생산력도 훌륭했습니다. 상앙은 진이 가진 이점을 살려 나라를 일신하고 부국강병을 이루려 했습니다. 그가 보기에 문제는 국가 체제였죠. 후진적인 구체제를 뜯어고치고 귀족의 기득권을 철폐해 효율적인 체제를 만들어야 했습니다.

이를 위해 상앙이 내세운 것이 바로 법치입니다. 그의 법에는 예외가 없었습니다. 태자가 법을 어기자 태자까지도 법으로 다스리려 했고, 결국 태자를 잘못 가르친 스승들에게 죄를 물어 형벌을 내렸습니다. 상앙이 법치를 통해 진을 재건해 나갈 때 이런 말이 돌았다지요. "위수가 피로 물들고 비명 소리가 천지에 진동을 했다." 위수 기슭은 형벌을 집행했던 곳입니다. 얼마나 가혹했으면 강이 핏빛이 되고 비명 소리가 하늘과 땅에 가득했을까요?

진나라의 법치, 더 나아가 법가를 말할 때면 꼭 나오는 저 멘트는 역사적 사실이 아닙니다. 상앙의 법치, 진의 법치에서 가혹한 형벌만 떠올린다면 정말 곤란합니다. 아니, 어떻게 가혹한 통치만으로 나라가 부강해지겠습니까? 백성을 힘으로 찍어 누르고 겁박하는 것만으로 선진화를 이루고 천하를 통일할 수 있을까요? 형법과 형벌로 국력을 극대화시킬 수 있으면 다른 나라는 왜 그리 못했겠으며, 지금도 못할 이유가 어디 있겠습니까?

진나라의 법은 귀족과 토호가 백성의 사유재산을 함

부로 침해하지 못하도록 했습니다. 백성의 노동력을 사적으로 부리지도 못하게 했고요. 그리고 백성이 열심히 일해 생산량을 늘리고 특히 소를 잘 키우면 상까지 주었습니다. 어떻게든 백성의 재산을 보호하고 근로 생산 의욕을 북돋우려 했죠. 아무리 귀족이라도 법을 어기면 심판을 받아야 했습니다. 공을 세우지 못하면 세습 특권을 국가에 반납해야 했고, 신분이 떨어질 수도 있었지요. 게다가 객관적인 기준으로 관리를 뽑고 근무 실적을 평가해서 승진시켰습니다. 임용과 승진이 단순히 왕의 변덕과 사심에 달린 것이 아니라, 인사행정에도 법을 적용해서 통치기구와 통치력을 합리적이고 선진적으로 업그레이드하려 했지요.

실제로 다른 나라들은 진나라의 우수한 시스템을 따라갈 수가 없었습니다. 진나라가 앞서도 너무 앞서 있었거든요. 다른 나라에서는 아버지가 재상이니 나도 재상이 되고, 아버지가 장수였으니 나도 장수가 되었지만 진에서 세습은 어림없었습니다. 능력이 없고 공을 세우지 못한 자는 아무리 조상이 잘났어도 높은 신분을 유지할 수 없었지요. 반면에 아무리 신분이 미미해도 공을 세우고 능력을 검증받으면 벼락출세가 가능했고요. 병사에서 시작해 부사관으로, 장교로, 일국의 장수로 쭉쭉 치고 올라갈 수 있었습니다. 이런 내용이 모두 법으로 규정되고 보장되어 있었지요. 조상 덕이란 없었습니다.

이렇듯 진의 법치는 의욕을 북돋고 동기를 부여하는 측면이 강했고, 백성의 권익을 명확히 보장하기 위한 법률이 많았습니다. 괜히 진이 전국칠웅 가운데 급부상해서 나머지 6국을 파도처럼 밀어붙여 천하를 통일한 것이 아닙니다. 화폐와 도량형을 통일하고, 요동에서 남방까지 그 넓은 중국 땅을 50일 문서행정권으로 통합시킨 기적이 괜히 일어난 게 아니고요. 상앙이 시작한 진의 법치는 그만큼 체계적이고 합리적이고 선진적이었습니다.

법가, 법치의 진은 대단한 저력을 가진 나라였습니다. 비록 통일 이후에는 15년 만에 무너졌지만 오랜 시간 다져진 진의 시스템은 한漢이 고스란히 수용했지요.

법가를 안다면
우리 현실의 치유법도 보일 것이다!

법가 사상을 한 마디로 말하자면 "법대로"입니다. 법대로 다스리는 '법치'란 무엇일까요? 바로 '인치人治의 부정'입니다. 특히 유가에서 말하는 인치의 부정이죠. 공맹孔孟이 말하는 인치는 간단합니다. 통치 계층이 어질어야 하고 덕을 쌓은 지식인이 정치의 장에 나아가야 한다, 그렇게 해서 정치의 장에 군자가 가득해지면 저

절로 정치가 잘될 것이고 백성은 좋은 세상에 살 수 있으며 국가는 평안해진다, 이 말이죠.

하지만 법가는 그런 인치에 반대했습니다. 사람만 착해지고 덕을 쌓는다고 정치가 절로 발전하고 국가가 평안해진다? 무릇 인간이란 이기적 욕망과 변덕과 이중성을 지닌 존재인데 사람의 마음에만 호소해서는 안 된다, 명확한 기준과 성문화된 규정을 가지고 나라를 다스려야 한다고 했습니다. 그것이 법치지요.

유가와 법가는 단순히 인치 대 법치, 이런 구도로만 싸운 게 아닙니다. 기득권 문제로, 개혁을 둘러싼 쟁점을 놓고 맹렬히 싸웠습니다. 유가는 개혁, 변법 노선을 거부했습니다. 법과 제도를 거부하면서 '예'禮로 대표되는 '관습'으로 사회를 끌고 가자고 주장했습니다. 법가는 관습이란 현재에는 맞지 않으며 특히 세습 귀족의 기득권을 위한 것이라고 반박했지요. 실제 유가 사상을 내세우는 이들 대다수는 귀족 세력이었습니다. 군주를 중심으로 하는 일원적 국가 체제를 반대하는 이들이 많았지요. 그들은 법가 사상가를 아주 싫어했습니다.

법치의 진나라가 천하를 통일했다고 그들의 대립과 갈등이 종식된 게 아닙니다. 유가와 법가는 정치의 장에서 줄곧 첨예하게 대립했습니다. 전한 시대에 소금과 철 전매를 놓고 벌어진 염철 논쟁●, 삼국 시대 법가 입

● 무리한 대외 원정으로 국가 재정이 악화되자 무제(武帝)는 민간에서 영위하던 소금, 철, 술 사업을 국가에서 관장하는 전매제를 실시합니다. 나라에서 상업 활동에 적극적으로 개

장의 조조曹操와 유가를 지지한 사족의 대표격인 사마司馬씨 가문의 갈등, 법가에 기반한 제갈량의 촉한 통치, 북송 때 왕안석王安石의 신법당과 사마광司馬光의 구법당의 대립, 남송 시대 진량陳亮과 주희朱熹가 벌인 왕패王覇•• 논쟁, 법가 색채가 강했던 마오쩌둥의 문화대혁명까지. 법가적 지향을 가진 정치세력의 등장, 그에 맞서는 유가적 정치세력의 응전은 중국 역사상 계속 반복되었습니다.

중국만이 아닙니다. 우리 역사도 법가를 이해해야 제대로 보이는 부분이 많지요. 고려 말 신진사대부 사이에서도 갈등이 있었습니다. 정도전이 대표하는 급진파는 고려의 틀 자체를 부수자고 했고, 정몽주가 대표하는 온건파는 고려라는 체제를 유지한 채 점진적으로 개선해 나가자고 주장했지요. 이들 간의 갈등과 경쟁도 유법 투쟁의 프레임으로 들여다볼 수 있습니다. 진대법

입하고 물가를 통제해 지방 유지와 거상의 세력을 약화하는 정책이었지요. 무제 사후에 이를 두고 논쟁이 벌어지는데요, 상홍양(桑弘羊) 등 경제 관료들은 "국가 재정의 바탕이므로 염철 전매를 지속해야 한다"는 주장을 폈고, 유학자들은 "나라에서 민간과 이익을 다투어선 안 된다"며 폐지를 주장했습니다.

•• 송이 금에게 수도 개봉을 함락당해 장강 이남으로 밀려나자, 국가 위기를 극복하기 위한 방법론을 두고 주희와 진량이 10여 년에 걸쳐 서신으로 벌인 논쟁입니다. 당대 유학의 거두 주희는 사대부 계급의 도덕적 각성과 재무장으로 위기 상황을 돌파할 수 있다며 왕도 정치를 주장했고, 실용주의자 진량은 지금 같은 시대에는 힘이 우선이며 영웅적인 행위와 업적이 나라를 일으킬 수 있다며 주희를 비판했습니다.

23

을 실시한 고구려의 을파소, 율령을 반포하고 태학을 설립한 소수림왕, 노비안검법과 과거제를 확립한 고려 광종, 조선 중후기에 제도와 법 개혁을 촉구한 실학파, 군주 중심으로 나라를 재편하려고 한 정조와 대원군도 법가 냄새가 상당히 나는 인물들입니다. 특권 세력을 꺾고 왕권을 강화해 나라를 부강하게 만들려고 고민한 이들이죠.

법가에서는 사회가 발전하려면 세습 특권을 반드시 타파해야 한다고 강조합니다. 귀속지위가 아니라 성취 지위를 많이 만들어 놓아야 사회가 역동적으로 돌아간다고 말합니다. 무엇보다 법 앞의 평등과 정의를 외칩니다.

지금 우리 사회를 장악한 담론은 부모의 사회적 신분과 재산이 청년들의 인생을 가른다는 수저 담론, 그 수저 담론과 늘 같이 가는 헬조선 담론입니다. 법 앞의 평등에 대한 회의, 사법부에 대한 불신도 넘쳐흐릅니다. 법 앞의 평등과 정의를 스스로 허물고 있는 검찰 집단을 개혁하라는 목소리가 높고요.

우리가 법가를 알고 공부해야 하는 것은 지금 우리 현실을 성찰하기 위해서이기도 합니다. 법가 사상가들이 지금 우리 사회에 소환되어 오면 무슨 말을 할까요? 어떤 문제를 지적하고, 어떤 진단과 대안을 제시할까요? 법가가 지닌 문제의식과 통찰력을 들여다보면 우리 사회의 모습이 더 또렷하게 읽히고, 병리적 현상에 대한 치료책이 보이지 않을까 싶습니다.

2
공 없는 자가 상을 받으면
적에 맞서는 백성이 없어진다

신상필벌, 공적 권위와 사회적 신뢰 높인다

무릇 공을 이루지 못한 자에게 물질적 혜택을 베푸는 일
이 세상에서 말하는 인의仁義이고, 백성을 가엾게 여겨 차
마 처벌하지 못하는 것이 세상에서 말하는 은혜와 사랑
이다.

그런데 막상 빈곤한 자에게 인의를 베푼다면 이는 공이
없는 자가 상을 받는 셈이 되고, 서푼짜리 동정심 때문에
죄지은 자를 차마 벌하지 못하면 난폭한 일이 끊이지 않
을 것이다. 나라에 공 없이 상 받는 자가 있게 되면 백성
은 밖으로는 적과 맞서 목 베려 하지 않을 것이며, 안으로
는 힘든 농사일을 부지런히 하지 않을 것이다.●

법가를 집대성한 한비자(기원전 280? - 기원전 233)는 유가에서 강조한 덕목인 인의, 은혜, 사랑을 반대합니다. 인의, 은혜, 사랑 자체가 나빠서가 아니고, 그런 걸 내세우면서 공을 세우지 않았는데도 상을 주거나, 죄를 지었는데도 벌을 주지 않으면 공적 권위와 사회적 신뢰가 무너지기 때문이죠. 그러면 다들 뇌물을 써서 부귀한 자를 섬기고, 권력 있는 자에게 사적으로 줄을 대고, 그렇게 해서 높은 벼슬자리와 후한 봉록을 차지한 간악한 무리가 기승을 부리게 되어 종국에는 나라가 망할 것이라고 보았습니다.

'필벌'必罰, 죄를 지은 사람에게 반드시 벌을 주는 것도 중요하지만 무고한 사람을 벌해서는 안 된다. '신상'信賞, 공을 세운 이에게는 반드시 상을 주어야 하지만 공 없는 사람에게는 주어선 안 된다. 법가 사상가들은 모두 신상필벌을 강조했습니다. 신상필벌의 원칙에 맞게 사회적 자원을 제대로 분배해야 나라가 건강해진다고 생각했죠.

그런데 우리는 법가 하면 필벌, 그것도 죄지은 사람에게 무거운 벌을 내리는 것만 기억합니다. 무고한 사람을 보호하는 것 또 잘한 이에게 상을 주는 것까지는 생각지 못합니다. 법가 그리고 법가가 일으킨 나라 진나라 하면 주로 가혹한 형벌을 떠올리죠.

하지만 한비자와 상앙의 텍스트를 차근차근 읽고, 또

법가가 개혁한 진나라를 공부하다 보면 그것이 편견임을 깨닫게 됩니다. 법가는 백성을 보호하고 상을 내리는 문제를 많이 이야기했고, 사회적 자원의 분배 문제까지 정면으로 다룹니다. 상당히 합리적으로 정치를 해보려 고민했죠.

진나라에서 벌이 엄했던 것은 사실입니다. 죄를 지으면 아무리 신분이 존귀해도 용납하질 않았습니다. 그런데 벌뿐만 아니라 상에도 후한 나라였습니다. 의무를 제대로 수행하고 사회가 필요로 하는 재화를 열심히 만들어 내면 신분과 성별을 불문하고 나라에서 후하게 상을 내리며 격려했습니다. 파격적으로 신분을 상승시켜 주기도 했지요. 미천한 신분의 말단 병사가 공을 인정받아 장수가 되기도 하는 나라가 진나라였습니다. 성문화된 진의 국법이 이를 보장했습니다.

백성은 그 법을 신뢰했습니다. 밖에서 잘 싸우고 안에서 열심히 일하면 나라에서 상을 줄 것이다, 내가 애써 일군 내 재산을 유력자와 귀족이 빼앗지 못하게 보호해 줄 것이다. 진나라 백성에게는 나라에서 부과한 의무를 성실히 수행하면 더 나은 삶을 살 수 있다는 믿음이 있었습니다. 그랬기에 '서방의 오랑캐'였던 진나라가 동방 여섯 제후국을 제압하고 중국을 통일할 수 있었던 것이죠.

진나라 백성의 믿음은 단순히 국법에 대한 믿음이 아

닙니다. 법이 만들어 낸 공적 권위에 대한 믿음이었고, 그 믿음이 진을 부강하게 만든 원동력이었습니다.

건강한 공동체, '부국강병'을 위한 법치

한비자는 "부귀는 모든 사람이 희망하는 것"이라고 말합니다. 맞습니다. 누구든 사회적 자원인 부귀를 누리고 싶어 합니다. 또 반대로 고통과 처벌은 누구나 피하려고 하지요. 사회가 제대로 굴러가려면 감시와 징벌이 없을 수 없는데, 공정해야 합니다. 징벌의 부과가 공정해야 합니다.

하지만 그것만으로는 안 됩니다. '부'富와 '귀'貴라는 사회적 자원 역시 최대한 공정하게 분배되어야 합니다.

법가에서는 그 문제에 정말 많이 천착했어요. 어떻게 사회적 자원을 공정히 분배해서 구성원들을 고무하고 공적 권위와 신뢰를 단단히 할 것인가에 대해 많이도 논했습니다. 특정 세력과 계층만이 사회적 자원의 분배에 참여하고 나머지는 소외된다면, 백성이 아무리 의무를 충실히 이행해도 사회적 자원에 접근할 수 없다면, 백성은 나라를 믿지도 마음으로 따르지도 않을 것입니다. 당연히 국력이 단단해지기도 어렵겠죠.

곡식 창고가 충실한 까닭은 농사가 근본 일이기 때문이

다. 그러나 뜨개질, 자수, 조각, 그림 등 천한 일을 하는
자가 부유해진다. 나라가 이름을 떨치고 영토가 커지는
까닭은 싸우는 병사들의 공 덕분이다. 지금 죽은 병사의
고아가 굶주리고 길거리에서 구걸하고 있으나 광대나 술
시중 드는 부류는 수레를 타고 비단옷을 입는다. 상과 봉
록은 백성이 온 힘을 다하고 아랫사람이 목숨 걸고 일하
고 싸우게 하기 위한 것이다. 하지만 지금 싸워 이겨 성을
쳐서 빼앗은 병사들은 고생만 하고 상을 받지 못하고, 점
을 치고 손금을 보며 앞에서 교활하게 알랑거리는 자가
날마다 상을 받는다.●

법에 의한 통치가 제대로 행해지지 않아서 생겨난 정
치사회적 모순에 대한 한비자의 우려와 울분이 느껴지
십니까. 가장 중요한 사회적 재화인 식량을 생산하는
사람들이 가난해지고, 국가를 위해 목숨 바쳐 싸운 이
들은 비참하게 살아갑니다. 대우를 받아야 할 이들이
보호받지 못하고 사회적 자원의 분배에서 소외된 현실
에 한비자는 비분강개를 금치 못합니다. 사실 법가 사
상가들의 텍스트를 읽다 보면 이런 부분이 적지 않습니
다. 의무를 성실히 수행하고 당대 사회에서 정말 중요
한 가치들을 만들어 내고 있는데도 비참한 처지에 놓인
백성을 보며 안타까워하는 마음이 진하게 드러나지요.
법가의 목표는 '법치' 자체가 아닙니다. '부국강병'입

니다. 그 부국강병은 백성을 닦달하고 몰아붙인다고 이룰 수 있는 게 아닙니다. 궁극적으로 정치공동체가 건강해져야만 가능한 일입니다. 주권이 국민에게 있는 지금과 군주에게 있는 당시의 기준은 다를 수밖에 없지만, 당대 이웃나라들보다 체제가 건강해야만 합니다. 그렇기에 법가 사상가들은 어떻게 하면 정치공동체가 건강해질 수 있을까 고민했고, 사회적 자원의 분배에 대해 그렇게도 역설한 것입니다. 그들은 힘주어 말했습니다. 제대로 공정하게 분배하고 그것을 성문화된 법으로 보장하라고, 그렇게 해야만 국가의 권위, 사회적 신뢰가 단단해지고 나라가 강해진다고 말입니다.

법가, 정치에 대해 처음으로 제대로 사고한 사람들

법가가 강조한 튼튼한 공적 권위와 사회적 신뢰는 지금도 매우 중요한 정치적 과제입니다. 아니, 어쩌면 정치의 전부일지 모릅니다. 적지 않은 동서양의 정치사상가가 그 문제에 천착하지 않았습니까? 그 문제를 놓고 고심한 법가의 등장은 동양 역사에서 제대로 된 정치사상가의 첫 등장이라고 해도 과언이 아니지요.

법가 사상가들은 어떤 요소들이 공적 영역의 질서를 해치는지 자세히 논했습니다. 그리고 그것들을 어떻게 막고 제거할지 심각하게 고민했죠. 정치의 어떤 폐단들이 공적 규범이 지니는 객관성을 파괴하며 또 그 폐단들이 어떻게 만들어지는지, 그것들로부터 어떻게 국가의 권위와 공적 질서에 대한 믿음을 수호할 것인지 이야기했습니다. 그리고 그들은 법을 다양한 제도로까지 만들어 내려고 했습니다. 그러면서 국가란 것이 최대한 효율적으로 돌아가는 하나의 시스템으로 거듭나게 하려고 했지요. 매우 다양한 각도에서 국가의 권위와 정치적 건강을 만들고 지키려고 했습니다. 다음 장에서 이에 대해 자세히 살펴보려 합니다.

법가가 무자비하고 가혹한 통치만을 내세운다는 선입견은 버립시다. 더 중요한 점을 꼭 기억해 주시면 좋겠습니다. 그들이야말로 정치에 대해 가장 제대로 사고하려 노력한 사람들이라는 것을요.

그런데 법가에서 그토록 중시한 공적 권위와 사회적 신뢰, 지금 대한민국 사회에 제대로 서 있나요? 그리고 그것들이 제대로 서기 위해 반드시 이루어져야만 하는 사회적 자원의 공정한 분배가 우리 사회에서 관철되고 있나요?

3

나라를 잘 다스리려면, 붕당을 쳐야

오랜 친구를 버리지 않는 관리,
악을 저지르는 자

법가에서는 포상과 처벌을 명확하고 예외 없이 하라고 강조합니다. 사회적 자원은 최대한 공평하게, 특히 국방과 농사에 종사하는 이들, 몸을 써서 사회가 정말 필요로 하는 재화를 만들어 내는 이들에게 분배하라고 주장합니다. 그렇게 해야 백성이 국가 권력을 신뢰하고 공적 권위가 확실하게 선다고 보았지요.

그리고 공적 권위를 확립하기 위해서는 정실주의와 특혜를 없애야 한다고 주장합니다. 이 두 가지는 법과 제도의 공정성을 해치는 일이기에 철저하게 뿌리 뽑아야 한다고 했지요.

오랜 친구라 하여 사적 은혜를 베풀면 '의리 있는 사람'이라고 한다. 공공의 재화를 마구 뿌리면 '인자한 사람'이라 한다. 봉록을 가볍게 여기고 처신을 중시하면 '군자'라고 한다. 법을 왜곡하여 친족을 곡진하게 대하면 '덕이 있는 사람'이라고 한다. (……) 의리 있는 사람이란 관리로서 악을 저지르는 자이다. 인자한 사람이란 공공의 재화를 손상시키는 자이다. 군자란 백성을 부리기 어렵게 만드는 자이다. 덕이 있는 사람이란 법을 훼손시키는 자이다.•

한비자는 「팔설」八說 편에서 법치주의를 훼손하는 여덟 가지 인간 군상을 유형별로 묶어 제시하면서 유가의 덕목을 까발려 비판합니다. 법과 제도로 규율해야 할 공적 영역에서 인이니 의니 덕이니 사랑이니 하는 것들을 내세우면 결국 사익을 추구하고 특혜와 정실주의로 귀결되기 쉽다는 말이죠. 공자는 인을 보편적 규범으로 이야기하지만, 한비자는 공공의 재물을 마구 뿌려 대는 이를 '인자한 사람'이라 한다며 비판합니다. 공무를 맡은 관리가 인을 내세워 국고를 축낸다면, 인이란 보편적인 규범은커녕 편파적이거나 파당적인 사덕私德 내지 면피를 위한 수단일 수밖에 없다고요. 한비자는 벼슬아치가 법을 어겨 가며 사적으로 은혜를 베풀거나 공적 재화를 유용하는 일을 엄금하고, 그런 이들은 강력하게 처벌해야 한다고 주장했지요.

　주군께서는 설공薛公에게 너무 인자하시고 전씨 일족을 지나치게 동정하십니다. 설공에게 너무 인자하시면 다른 신하들의 권위가 사라지고, 전씨 일족을 지나치게 동정하시면 그 일족이 법을 범하게 됩니다. 신하들의 사기가 떨어지면 외적에 대항하여 군대가 제대로 싸울 수 없고, 일족이 법을 범하게 하면 국내 정치가 어지러워질 것입니다. 이는 나라가 망하는 근본 원인입니다. ●●

　군주도 예외가 아닙니다. 한비자는 제나라 왕에게 성환成歡이라는 신하가 올린 간언을 예로 들며 군주의 인, 애, 사심에서 비롯된 동정심과 친애가 특혜와 특권을 조장해 법질서를 무너뜨린다고 지적합니다. 유가의 덕목이 공사의 구분을 무너뜨려 객관성과 공정성을 파괴한다고 보고 신랄하게 비판했지요.

　한비자의 말을 그 누가 부정할 수 있겠습니까. 우리 현실에서도 부정과 부패, 정실 인사 등이 유가적 수사나 가족애의 이름으로 자행되는 사례를 숱하게 보고 있지 않습니까. 심지어 법을 다루는 사법 당국마저 인, 의, 예를 들먹이며 지배층과 가진 자들의 탈선에 관용을 베풀고 있는데요.

●● 『한비자』 「내저설 상」(內儲設 上)

신하들의 패거리,
왕의 눈과 귀를 가리고 고립시킨다

한비자는 신하들과 힘을 가진 자들이 집단을 이루고, 그 집단의 힘으로 정국을 장악해 군주와 맞서려는 행태를 극도로 경계했습니다. 패거리, 파당, 작당, 도당, 붕당 등이 정치공동체 안에 만들어져 힘을 행사해서는 안 된다며, 패거리가 만들어 내는 정치적 병폐에 날선 비판을 쏟아 냈지요.

신하들의 파당이 만들어지면 어떤 문제가 생기기에 한비자가 그렇게까지 붕당 정치를 경계한 것일까요? 일단 군주가 고립됩니다. 한비자는 군주와 맞서고 법 위에서 놀며 나라를 들었다 놨다 하는 신하를 '중신'重臣이라고 했는데, 그 중신이 바로 패거리의 수장이라 할 수 있습니다. 그리고 법을 무기로 중신을 다루지 않으면 중신에게 줄을 서는 이들이 많아지고, 결국 신하들이 담합해서 왕의 눈과 귀를 가리고 고립시킬 것이라 했습니다.

사사로운 이익을 꾀하여 힘 있는 신하만을 위하는 자가 많아지면 군주는 위에서 고립되고 신하들은 아래에서 패거리를 짜게 된다.●

---

38   ●『한비자』「간겁시신」

패거리를 이룬 중신들은 작당을 하여 군주의 눈을 가린다. 한통속이 되어 속으로는 사이가 좋더라도 겉으로는 나쁜 척, 사적 친분이 없는 척 위장해서 서로의 눈이 되고 귀가 되어 군주의 틈을 엿본다.••

나라 안의 모든 이들, 지방에 사는 이들까지 패거리 정치의 수장들에게 줄을 대고, 패거리는 점점 힘이 강해집니다. 결국 최고 권력자는 고립무원에 놓이죠. 정치적 실세가 따로 있고 그들에게 줄을 서는 이들이 있고, 그들이 세력을 이루어 권력을 사유화하면서 최고 통치자를 바보로 만드는 일은 한국 현대 정치사에서도 어렵지 않게 목격할 수 있죠. 이런 사회에 과연 공적 권위라는 것이 설 수 있을까요?

한비자는 위魏나라 문후文侯와 서문표西門豹의 일화를 들어 군주가 고립될 때 어떤 정치적 모순이 발생하는지를 이야기합니다.

서문표가 업鄴 땅의 장관이었을 때 청렴결백하고 근면성실하여 털끝만치도 사리를 취하지 않았으나 군주의 측근을 대단히 소홀하게 대하였다. 측근들은 결탁해 그를 미워하였다. 1년 뒤 연말 보고 때 군주가 그 관인을 몰수하였다. 그러자 서문표가 자청하기를 "제가 이전에는 업 땅을 다스리는 방법을 알지 못하였다가 이제야 터득하였습

니다. 원컨대 다시 관인을 내려 주시어 다시 한 번 업 땅
을 다스리게 해 주십시오."

서문표는 이렇게 말하면서 조건을 겁니다. 다시 나쁜
평판이 들려오면 목숨을 거두어도 좋다고. 서문표는 업
땅에 다시 부임합니다. 그런데 이번에는 청렴은커녕 백
성을 착취하고 거기서 거둔 재화로 왕의 측근 실세를 열
심히 챙겨 줍니다. 1년 뒤 서문표가 다시 입궐하자 위
문후는 그를 칭찬합니다. 그러자 서문표는 기다렸다는
듯 왕에게 일갈하죠.

"지난해에는 군주를 위해 다스렸는데 주군께서는 저의
관인을 빼앗으셨고, 이번에는 군주 주변의 무리를 위해
다스렸는데 주군께서는 허리를 굽히시네요."●

군주는 지방행정관이 부임지를 어떻게 다스리는지
전혀 모릅니다. 파당 때문에 정보가 차단되니까요. 외
부 세계의 실정을 조금도 모른 채 군주는 이렇게 눈뜬장
님이 되어 갑니다.

우리 역사에도 비슷한 일들이 많습니다. 조선 선조
때 동인 김성일, 서인 황윤길이 일본에 가서 도요토미
히데요시를 만나고 왔지만 군주에게 뭘 얼마나 제대로
말해 주고 사태를 바로 인식하게 했나요? 당쟁이 선조

의 눈을 가렸기에 우리는 준비할 시간마저 잃고 끔찍한 참화를 겪었습니다.

　서강대 계승범 교수는 『우리가 아는 선비는 없다 - 조선을 지배한 엘리트, 선비의 두 얼굴』(역사의 아침, 2011)에서 선비와 사대부, 양반 계층의 실체를 폭로합니다. 사회적으로는 유일한 지식인 계층이었고, 정치적으로는 500년 조선 왕조의 오랜 권력 실세이자 주인공이었던 그들은 말로만 선공후사를 외쳤을 뿐, 뒤로는 항상 사익을 도모하고 정치적 패거리를 만들어 국정을 농단해 왔다고요.

　조선 시대 붕당 정치의 타락상은 한비자가 말한 패거리 정치의 폐단과 너무도 유사합니다. 한비자는 유가 정치의 약점과 한계를 간파하고, 유가에서 말하는 덕목이란 패거리 정치에 구실과 명분, 변명거리만 제공할 뿐이라고 강하게 비판했지요.

붕당을 치지 못하면,
공적 권위가 무너져 나라가 망할 것이다

군주가 나라를 잘 다스리려면 반드시 붕당을 쳐야 한다. 붕당을 치지 못하면 그들이 장차 많은 무리를 모을 것이다. ●●

●● 『한비자』 「양권」(揚權)

붕당 정치는 실력 있는 인사가 등용되지 못하게 하고 무능한 인사를 자리에 앉게 하여 인사행정 자체를 파괴합니다. 단순히 파당에 속하고 파당의 수장에게 줄을 잘 서면 중책을 맡게 되죠.

하지만 붕당 정치의 폐해가 어디 그뿐이겠습니까? 그런 자들은 국가의 재화를 유용하고 법을 농단해 특권을 거머쥐며, 백성을 못살게 굴고 공적 권위와 사회적 신뢰를 철저히 파괴합니다. 결국 나라가 휘청거리겠지요. 그래서 한비자는 붕당은 반드시 깨부숴야 한다고 했습니다.

붕당의 배제란, 궁극적으로는 정치에서 집단이기주의의 배제입니다. 고향이 같다, 피가 비슷하다, 같은 학교 나왔다고 뭉쳐서 국가의 대의와 부국강병이 아닌 자신이 속한 패거리의 사적 이익에만 골몰하는 작태를 막으려는 것이죠. 진나라에서는 그 집단이기주의를 철저히 배제했습니다. 소수민족을 담당하는 '속방'屬邦이라는 기관을 설치하고, 직무에 관한 법률과 규정을 세세하게 만들어 놓았죠. 예나 지금이나 중국에는 다양한 민족이 살고 있는데, 진나라는 이들을 어떻게 하나로 만들 것인가를 고민했죠. 진의 법치는 혈통과 지역으로 뭉치는 집단이기주의를 용서하지 않았습니다. 집단의 힘으로 횡포를 부리거나 소수집단을 겁박하는 행태를 법의 힘으로 막으려고 했죠.

진의 법치는 단순히 법의 준수만을 강제하는 수준이 아니라, 국가 운영을 가장 합리적으로 해 나가기 위한 분투였습니다.

4

장삼이사가 군주가 되어도
나라는 '법'으로 돌아간다

'권력의 대기실',
권력자의 심중으로 통하는 통로

'권력의 대기실Vorraum'이란 말, 들어 보셨는지요? 직접적인 권력이 자리하는 모든 공간 앞에는 간접적인 영향력과 위력을 지닌 '대기실'이 형성된다고 하는데, 독일 정치학자 카를 슈미트가 강조한 개념입니다. 권력의 대기실은 권력자에게 이르는 통로, 권력자의 심중으로 통하는 복도라 할 수 있죠. 권력자에게 가는 정보의 창구이기도 하고요. 때로는 정보를 왜곡하고 차단하며 권력자를 좌지우지합니다.

쉽게 말하면 최고 권력자 근처에 있는 '실세'로, 결국 정치공동체를 망치는 존재입니다. 이승만의 곽영주, 박

정희의 차지철, 박근혜의 최순실을 생각하면 쉽게 이해되시죠? 아이러니하게도 최고 권력자 자신보다는 이런 대기실로 권력이 집중되기 쉽습니다. 대기실 주인이 실세가 되고, 그에게 줄을 대는 사람들이 생겨 세력을 형성하며, 더 나아가 공적으로 행사되어야 할 권력이 누군가의 사적 이익을 위해 행사되고 사유화됩니다. 역사를 들춰 보면 친인척, 내시, 후궁, 호위무사, 비서 등이 대기실을 장악하곤 했습니다. 대기실을 둘러싼 암투는 매우 치열합니다. 대기실 안에서도 아주 살벌하게 싸우죠. 대기실의 주인이 정해지면 그 주인이 최고 권력자를 꺾고 통째로 나라를 접수하기도 합니다. 북주北周 황제의 장인이었다가 결국 나라를 차지한 수隋나라 문제文帝가 대표 사례죠.

이 권력의 대기실은 최고 권력자에게서 현장을, 민심을 차단합니다. 권력자에게 들어가는 정보를 왜곡합니다. 게다가 한 사람만이 아닙니다. 아래 단위로 갈 때마다 대기실 주인이 또 있어요. 지방관은 지방 백성과 권력자 사이를 차단합니다. 백성과 지방관 사이는 지방관을 보좌하는 아전이 막고 있고요. 이처럼 권력의 대기실 역시 그 자신의 대기실에 의해 차단당하고 농락당하는 경우가 많지요.

권력의 대기실의 폐해를 잘 알고 있었던 인물이 바로 『삼국지』의 주인공 조조입니다. 그는 후한後漢의 지방관이 되자 매관매직을 자행하던 열 명의 장리 가운데 여덟 명을 파직해 버렸습니다. 장리들이 자신과 백성 사이를 가로막는 권력의 대기실이 될 수 있다고 보고 부수어 버린 거죠.

권력의 대기실의 주인공과 작동 원리

사실 '권력의 대기실'을 슈미츠보다 먼저 말한 사람이 바로 한비자입니다. 2천 년은 앞선 셈이죠. 권력의 대기실이 어떻게 형성되고 누가 주인공이 되며 어떻게 작동하는지, 한비자의 설명을 한번 보시죠.

무릇 신하 된 자가 군주에게 저지르는 간악한 수법 여덟 가지가 있다.

첫째는 동상同牀, 즉 잠자리를 함께하는 자를 이용한다. 이들은 바로 부인과 애첩, 군주가 총애하는 미녀들로 군주를 유혹하는 자들이다. 느긋하게 즐기는 침실에서나 술에 취해 흡족한 틈을 타서 원하는 것을 보채면 반드시 들어주게 된다. 여기서 신하라는 자는 은밀히 그들에게 황금 보옥을 바쳐 군주를 현혹케 만든다.

둘째는 재방在傍, 즉 군주 곁에 가까이 있는 자를 이용한다. 이들은 바로 광대나 난쟁이, 측근의 친숙한 자들이다. 군주가 명하지 않아도 예예 하고 시키지 않아도 분부

대로 거행하겠노라고 말하며 생각하기도 전에 뜻을 받들고 안색을 살펴서 군주의 심중을 앞서 헤아리는 자들이다.

(……) 셋째는 부형父兄, 즉 방계의 숙부나 서자나 형제, 공자를 이용한다. 이들은 군주가 친애하는 자들로, 대신이 되어 군주와 함께 나랏일을 상의한다.•

'동상'은 부인, 애첩 등 베갯머리송사를 할 수 있는 자들이고, '재방'은 배우, 광대, 내시 등 군주를 즐겁게 하고 눈치를 살펴 비위를 잘 맞추는 자들입니다. 이들은 무리를 이루어 함께 행동하면서 군주를 속이고 마음까지 바꿀 수 있죠. '부형'은 왕의 숙부나 형제, 외척까지 포괄합니다. 간악한 신하는 이들에게 뇌물을 바치고 몰래 섬기며 왕을 조종합니다.

이에 더해 한비자는 입만 번지르르한 '유행'流行을 거론합니다. 유행은 유세객, 즉 입심 좋은 변사입니다. 신하는 다른 제후국에서 이들을 매수해 와 왕의 곁에 두고 교묘하고 유창한 언변으로 왕을 꼬입니다. 물론 신하 자신에게 이익이 되게끔요.

그러고 보면 한비자가 정말 천재긴 천재예요. 동서고금 막론하고, 권력의 속성과 본질은 물론 궁중 사회의 여러 가지 이면까지 한비자만큼 무섭게 통찰한 사람이 또 있을까 싶어요.

권력의 대기실이 강해지면
'권력의 사유화'로 이어진다

권력이란 것은 어떻게든 철저히 공적으로 행사되어야 합니다. 한비자가 '팔간'八姦, 즉 나쁜 신하가 저지르는 여덟 가지 권모술수를 논한 것은 단순히 군주의 권력이 침해받는 것을 우려해서가 아닙니다. 권력의 대기실이 생겨나고 강해지면 군주는 꼭두각시가 됩니다. 권력은 대기실의 주인공과 그를 둘러싼 자들에 의해 사유화되기 마련입니다. 한비자는 이를 우려해 조목조목 지적한 것이죠.

마치 대한민국 국정을 농단했던 비선실세와 문고리 권력을 보면서 한 말 같습니다. 한비자가 우리 청와대의 역사를 보면 할 말이 참 많겠죠. 특히 청와대의 수석비서관 제도와 민정수석의 존재를 보면 기가 찰 겁니다. 권력의 대기실을 어떻게든 최소화하려고 해도 시원찮을 판에 제도로 못 박아 힘을 실어 주다니? 민정수석이 법무부장관이나 검찰총장을 함부로 대하고 부릴 수 있도록 할 양이면 애초에 장관이나 총장은 왜 앉히는지도 의심스럽지만, 대통령 주변이 너무 강해지면 대기실 자체가 대통령의 권력을 잡아먹고 대통령을 바보로 만들 수 있지요. 그런데 그것을 법과 제도로 명확히 해 놓은 채 나라를 다스리겠다니 말입니다. 아마 한비자는 민정

수석, 수석비서관 제도부터 당장 손볼 겁니다. 권력의 대기실인 비서와 보좌관은 아예 없애 버리고 대통령이 직접 총리, 장관과 대면해서 일을 처리하라고 하겠지요. 물론 형제와 자식, 친인척은 절대 대통령 근처에서 힘을 휘두르지 못하도록 법제화할 테고요.

군주는 성인군자가 아니라 중급 인간

법가에서는 '시스템'을 봅니다. 그들은 지도자 개인의 자질과 현명에 큰 기대를 하지 않고 구조와 틀을 보지요. 반면 유가는 군주에게 끊임없이 덕을 닦아 성인이 되라고 하고 군주의 덕성과 자질에 많은 것을 바랍니다. 하지만 성인과 초인은 어쩌다 정말 드물게 나옵니다. 그런데 가만히 앉아서 그런 지도자가 나오길 기다려야 할까요?

무릇 "좋은 말과 단단한 수레라도 노예가 부리면 웃음거리가 되지만 전설적인 말몰이꾼 왕량이 부리면 하루에 천 리를 달린다"고 하는데, 나는 그렇게 생각하지 않는다. 저 월나라 사람 가운데 헤엄을 잘 치는 자를 기다려 중원의 물에 빠진 사람을 구한다면 월나라 사람이 아무리 헤엄을 잘 친다 하더라도 물에 빠진 자를 구하지 못할 것이다. 옛날의 왕량을 기다려서 지금의 말을 부린다는 것은 월나라 사람이 먼 곳에 물에 빠진 자를 구한다는 것과 마찬가지 이야기로, 할 수 없다는 것이 분명하다. 좋은 말과 단단한 수레를 오십 리마다 하나씩 두면 중질의 마부가 부려도 빠른 것을 쫓고 먼 데에 이를 수 있어 하루에 천 리를 갈 수 있다. 어찌 구태여 옛날의 왕량을 기다려야 하는가?●

당장 물에 빠져 죽게 생긴 사람이 있는데 먼 데 있는 사람이 국가대표 수영 선수면 무슨 소용이냐는 말입니다. 나라도 마찬가지입니다. 당장 혼란스럽고 어지러운데 언제 올지도 모르는 성군을 기다릴 것이 아니라 법과 제도를 만들라는 것입니다. 하루에 천 리를 달리는 일은 왕량이니 가능한 겁니다. 왕량이 없어도 좋은 말과 수레를 갖추어 놓고 오십 리마다 역을 세워 바꿔 타게 한다면 평범한 마부도 하루에 천 리를 갈 수 있습니다. 왕량을 기다릴 것이 아니라 시스템을 정비해야죠.

법가에서 말하는 '법'은 그저 형법이나 형벌이 아니라고 누차 말씀드렸죠. 법가의 '법'은 안전망과 매뉴얼이고, 장삼이사가 조직의 수장이 되어도 조직이 굴러갈 수 있게 만들어 놓은 '프로그램'이라고 보면 됩니다. 누가 정치를 담당해도 나라가 휘청거리지 않게, 어느 정도 안정된 궤도 위에서 국정이 운영될 수 있도록 틀을 짜자는 거지요. 이렇게 통치자의 덕성과 자질에만 목매

지 않고 시스템과 매뉴얼에 주목했다는 점이 법가 사상의 큰 매력입니다.

다음은 한비자보다 백 년쯤 앞서 상앙, 맹자와 동시대를 살았던 법가 사상가 신도愼到(기원전 395~기원전 319)● 가 한 말들입니다.

군주의 지혜가 반드시 백성보다 뛰어난 것은 아니다. 가장 뛰어나지 않은 선함으로 (그것만 믿고, 그것에만 의지해서) 백성을 다스리려 한다면 조건에 충분하지 않다.●●

법도를 포기하고, 도량을 버리고, 한 사람의 지식에 의존하여 온 세상의 사정을 파악하려 한다면 누구의 지식으로 그것을 만족시킬 수 있겠는가?●●●

신도는 군주를 중간 정도의 인간으로 상정하고, 군주의 덕과 지혜가 아니라 시스템을 통해 나라를 다스려야한다고 했죠. 사실 그렇잖아요, 현실의 군주가 성현 군자일 확률은 희박하지 않습니까? 군주가 성현임을 전제하고 국가를 논한다면 철학으로서는 몰라도 정치사상

● 조나라 출신의 직하학사로 법가 또는 도가(道家)로 분류되는 학자입니다. 사실 법술지사의 사상은 노자(老子) 사상에 가까운 면이 많이 보이지요. 신도의 텍스트는 대부분 유실되어 아주 적은 양만 전해지지만, 법치의 이상과 변법 개혁의 필요성을 명쾌하면서도 밀도 있게 설명해 줍니다.

●●『신자』(愼子) 「민잡」(民雜)

●●●『신자』 「일문」(逸文)

52

으로서는 합리적이라고 볼 수 없습니다. 하지만 유가는 그랬죠. 맹자는 군주에게 끊임없이 덕과 지혜를 닦으라고 요구했습니다. 성군이 되면 천명을 받아 천하의 주인이 되겠지만, 폭군이 되면 나라를 잃고 몸을 잃을 것이라며 겁을 주었죠. 하지만 현실에서는 군주가 성군일 확률이나 폭군, 암군일 확률이나 다 희박합니다.

한비자는 제나라 경공景公 이야기를 하면서 또 한 가지 중요한 점을 언급합니다. 외유를 나갔던 제 경공은 대신 안자晏子가 위급하다는 소식을 듣고 급히 수레를 타고 돌아옵니다. 그런데 마음이 안 놓여 마부를 내리게 하고 몸소 수레를 몹니다. 그래도 마음이 안 놓여 수레를 내버리고 뛰어서 도성으로 들어갑니다. 응급실로 가는데 차를 버려두고 달려가는 꼴이죠. 시스템을 활용하지 못하고 자신의 능력과 지혜로 일을 처리하려는 군주의 어리석음을 경계하는 일화입니다.

시스템을 잘 구축해 놓으면 뭐 합니까? 지도자가 제대로 활용하지 못하면 아무 소용 없지요. 그걸 무시하거나 파괴하면 국가의 권위와 신뢰는 사라집니다. 지도자는 완벽하지 않습니다. 따라서 늘 주의해야 합니다. 내가 시스템을 제대로 활용하고 있는가? 망치고 있지는 않은가? 스스로에게 늘 질문을 던져야 합니다.

5

부국강병을 위해
백성을 '보호'하는 법이 필요하다!

시대가 변하면 통치의 방식도 달라져야

송나라에 밭을 가는 농부가 있었다. 밭 가운데 나무 그루터기가 있는데 토끼가 뛰어가다 거기에 부딪혀 목이 부러져 죽었다. 그걸 본 농부는 쟁기를 버리고 그루터기를 지키며 다시 토끼 얻기만을 바랐다. 그러나 토끼는 다시 얻을 수 없었고 그는 송나라의 웃음거리가 됐다. 고대 제왕의 정치로 요즘의 백성을 다스리려 한다면 모두 그루터기를 지키고 있는 것과 마찬가지다.●

'수주대토'守株待兎라는 유명한 고사지요. 한비자는 당대의 사상적 주류였던 유가와 묵가墨家가 이 이야기에 나오는 농부와 같다고 비판합니다. 툭하면 옛날이야기

●『한비자』「오두」(五蠹)

를 하면서 과거의 성인, 과거의 통치 방식으로 지금 시대를 다스려 가자고 한다고요.

옛날과 지금은 풍속이 다르니 새 시대와 옛 시대는 대비책이 달라야 한다. 너그럽고 느슨한 정책으로 급박한 요즘 세상의 백성을 다스리려고 하는 것은 고삐나 채찍도 없이 사나운 말을 부리려는 것과 같다. 이는 현실을 알지 못하는 환난이다. •

유가는 사회 상층부 사람들이 덕으로써 정치를 하고 예로써 백성을 교화하면 어렵지 않게 인仁이라는 가치가 실현되어 공동체의 평화가 올 것이라고 했지만, 한비자가 보기에는 바보 같은 생각이었습니다. 유가의 통치 방식은 적은 인구가 소규모 공동체 안에서 친밀하게 지내던 시절에나 통하던 방식이었죠.

상앙도 비슷한 생각이었습니다. 공맹이 말하는 인이니 덕이니 예니 하는 것들은 인구가 급증하고 생산력이 높아지고 국제적으로나 국내적으로나 이익을 다투는 상황에는 맞지 않다고 보았습니다. 이런 시대에는 '법'과 같은 객관적이고 강제적이고 합리적인 규범으로 나라를 다스려야 한다고 생각했죠.

법가 사상가들이 활동했던 시대 여건과 배경을 살펴보면, 유가를 비판하며 '법'이라는 새로운 통치사상을 앞세운 그들의 주장은 매우 설득력이 있습니다.

강한 왕권, 강한 국력을 위한 '법치'의 등장

중국의 전국시대는 정글 같은 환경이었습니다. 살아 남으려면 어떻게든 국력을 극대화해야 했고, 단순히 살 아남는 것을 넘어 강자가 되고 패자가 되고 천하를 통 일하는 힘이 필요한 시대였지요. 냉엄하다 못해 살벌한 현실, 그런 현실에 놓인 군주의 불안과 야심, 이러한 시 대 조건과 수요에 응해 법가 사상가들은 '법'을 새로운 통치수단과 정치철학으로 역설했습니다.

법가의 대표주자라 할 수 있는 한비자를 흔히들 마키 아벨리와 비교합니다. 사실 두 사람이 비슷한 게 많기 는 해요. 둘 다 군주를 둘러싼 험악한 현실 속에서 어떻 게 군주가 힘을 키우고 지위를 유지할 것인가를 고민하 고 이를 토대로 사상을 세웠는데, 이번에도 한비자가 2천 년 앞서 있군요.

한비자의 조국 한韓나라 그리고 한비자 선배 사상가 라고 할 수 있는 정자산鄭子産(?-기원전 522)의 정鄭나라 는 강대국들에 둘러싸여 있었습니다. 국제무대에서 늘 얻어맞고 치이기만 했던 약소국이었지요. 어떻게든 국 력을 키워야 한다는 절박함이 있었어요. 그 속에서 한 비자와 정자산은 법으로써 군주 중심의 일사불란한 정치 체제를 만들려고 했습니다.

국제 환경뿐만 아니라 대내적 환경도 문제였습니다. 여러 나라에서 군주와 신하 사이에 권력 분쟁이 극심했습니다. 신하는 단순히 나랏일을 하는 관료가 아니라 나라 안의 실력자가 되어서 군주와 권력 경쟁을 벌였고, 결국 군주를 거꾸러트리고 나라를 접수하기도 했습니다. 제나라는 강姜씨에서 전田씨의 나라가 되었고, 북방의 강자 진晉은 유력 대부인 한韓씨, 위魏씨, 조趙씨가 나라를 셋으로 나누어 버렸지요. 한비자는 호랑이 같은 신하들을 제대로 제어하지 못해 나라를 잃은 왕의 사례를 숱하게 듭니다. 오죽하면 이런 말까지 했을까요?

"문둥이가 왕을 불쌍하게 본다."
"군주와 신하는 하루에 백 번 싸운다."

이런 지경이니 법가 사상가들은 신하가 군주의 명에 철저히 복종하도록 상과 벌을 장악하라고 조언했지요. 귀족 사회의 모듬살이 규칙이자 관습이었던 '예'만 가지고는 도저히 왕이 살아남을 수 없으니, 덕이 아니라 법이 만들어 낸 힘으로 나라를 끌고 가라고요. 신하들을 빈틈없이 통제해서 국왕의 권력을 반석 위에 올리고, 군주 중심으로 나라의 힘을 극대화해 외세에 맞서자는 주장이었지요.

그런데 법가에서 법을 통치의 핵심으로 말한 가장 중요한 이유는 따로 있습니다. 다른 시대적 요청이 있었지요. 이 시대에는 지배하는 백성의 범위가 커지면서 '사민'四民이라는 새로운 성격의 피지배 계층이 등장하고 있었습니다. 법가는 이 사민사회를 보호하기 위해 '법'과 '법치'를 주장했습니다.

사농공상, 사민의 등장과
이들의 보호를 위한 법치

철기가 보급되고 생산력이 늘면서 춘추시대 중기부터 슬슬 영토국가로 변모하는 나라들이 생겨났습니다. 관중管仲(기원전 723~기원전 645)●의 제나라부터 시동을 걸었지요. 강대국들은 수도 근처만이 아니라 전 국토로 지배 범위를 확대해 갔습니다. 그때까지는 '국인'國人, 즉 성 안에 사는 사람과 성 인근 주민만 왕이 직접 관리했지만, 춘추시대 중기 이후에는 왕이 지배하는 백성의 범위가 매우 넓어졌습니다. '야인'野人, 즉 성 밖에 사는 사람들까지 직접 관리하고 다스리기 시작했지요.

영토국가화가 진행되면서 성 밖에 사는 야인 대부분

● 관중은 나라가 부강해지려면 반드시 백성을 먼저 부유하게 해야 한다고 보고, 사민이 각자의 자리에서 힘써 일할 수 있는 안정된 토대를 마련하는 데 힘을 쏟았습니다. 관중의 실용주의·중상주의 경제 정책 아래 번영을 누린 제나라는 춘추시대 첫 번째 패권국이 되었지요. 관중의 사상은 『관자』(管子)로 전해지며 법가에도 영향을 끼쳤습니다.

이 국가에서 관리하는 농민이 되었습니다. 이들은 세금을 내야 했고 축성, 도로 정비, 치수 사업 등 국가 부역을 부담해야 했으며, 결정적으로 병역 의무까지 짊어져야 했죠. 예전에는 국가의 통치가 미치지 못하거나 귀족이 지배하던 곳에 살던 백성까지 이제는 왕이 직접 관리해서 국가의 통치 자원으로 삼는 시대가 된 것입니다. 그러자 농민이 국가의 핵심계층으로 떠오릅니다. 농업 발달에 발맞추어 수공업과 상업도 발달해 상공인도 늘어나죠. 또한 각국 군주가 꾀주머니와 행정 관료로 활용할 지식인을 경쟁적으로 채용합니다. 이렇게 해서 사士, 농農, 공工, 상商으로 구성된 사민사회가 자연스럽게 형성되었습니다.

여기서 놓치지 말아야 할 부분이 있습니다. 이들은 국가가 부과한 의무의 객체가 되기도 했지만 사유재산의 주체가 되었다는 사실입니다. 이전 시대 사람들은 씨족공동체에 살면서 공동으로 경작하고 소유하면서 살았기에 사유재산의 주체가 아니었습니다. 하지만 춘추 말기에는 씨족공동체가 해체되고 가장 중심의 5~6인 가정으로 사회 구성단위가 재편되죠. 그에 따라 사전私田이 급증하고, 시장이 크게 발달했으며, 지식인의 가치가 금값이 되었습니다. 사농공상 모두가 사유재산을 빠르게 불려 가고 있었습니다. 그런데 이들의 사유재산 확대는 귀족에게 좋은 먹잇감이 될 수도 있었죠.

국가는 귀족이 재산을 갈취하는 것을 막아야 했습니다. 성장하고 확대되는 자산계층은 곧 나라의 조세와 병역 자원이므로, 그들을 보호하지 못하면 의무 부과가 힘들어지고 나라의 힘은 자연히 약해집니다. '부국강병'의 길에서 밀려나게 되지요.

그런데 기존의 덕치와 예치만으로 그들을 보호할 수 있었을까요? 명확히 성문화된 '법'만이 그들을 보호할 수 있었던 대안이었습니다. 실제로 진나라에서는 상세히 규정된 성문법을 통해 토호와 귀족이 백성의 재산을 뺏거나 그들을 착취하지 못하도록 해 놓았죠. 상앙이 두 차례에 걸쳐 단행한 변법 콘텐츠를 보실까요.

1. 호적 정비, 연대책임과 내부고발 제도 실시
2, 소농 경제 장려, 분가分家를 통한 조세 단위 창출
3. 군공 체계 정비, 사사로운 싸움 금지
4. 중농 정책 실시하여 생산 독려
5. 정전제井田制 폐지, 토지의 사적 소유와 매매 허용
6. 현縣 설치, 지방행정 제도 정비
7. 사유재산 보장, 백성에게 법을 교육

토지 개혁이 이루어지고 조세 행정이 합리화되자 농민이 일할 맛 나는 사회가 되었죠. 군공 체계가 정비되자 백성이 병사로 징집만 되는 것이 아니라 전쟁에서 공

을 세우면 상을 받고 직위가 올라갈 수 있었습니다. 새로운 신분질서가 수립된 겁니다. 연대책임과 내부고발 제도는 악법의 측면도 없지 않지만 지금의 공익제보자, 내부고발자 보호제도와 같은 측면도 있습니다. 정부에서 모든 부정부패를 감시할 수 없으니 민간에 맡기는 것인데 고발하지 않으면 벌만 주는 것이 아니라 고발자에게 큰 상을 주어 보호하기도 했습니다. 이런 내용을 법으로 관철하여 사민 계층을 보호하고 국가의 재산으로 키워 갔기에 진나라는 6국을 압도하는 강국이 되었습니다.

권력이 권력다워지는 길,
정치를 알고 싶다면 법가를 공부하라

군주가 적의 침입을 받고서 나아가 싸우지 않는 것을 보고 의롭다고 할 수 없으며, 전쟁에 패하고 난 뒤에야 죽은 백성의 시신을 보고 슬퍼하는 것을 보고 어질다고 할 수 없습니다.•

불패의 병법가 오기吳起(기원전 440~기원전 381)•• 가 위

• 『오자병법』(吳子兵法)「도국」(圖國)
•• 오기는 『손자병법』과 쌍벽을 이루는 병법서 『오자병법』을 남긴 인물이지요. 그런데 병가뿐 아니라 유·묵·법가의 장점을 모두 실행한 훌륭한 정치가였습니다. 그러나 오기는 늘 기득권 세력의 반발에 부딪혔습니다. 위나라에서 서방 방어에 큰 공을 세웠으나 문후가 죽자 반대파에게 쫓겨나고, 초나

문후에게 던진 직격탄입니다. 백성을 제대로 지켜 주지 않으면 어질지 않고 의롭지 않다, 인이니 의니 아무리 외쳐 봤자 아무 소용없다는 뜻입니다.

동서고금을 막론하고 권력이 권력다워지는 데는 전제조건이 있습니다. 바로 보호의 의무를 다하는 것입니다. 백성을 지키는 것, 이것만큼 중요한 것이 없지요. 외적으로부터의 보호만이 아니라 여러 가지 사회적 자연적 위험에서 백성을 보호하는 것도 권력이 권력다워지는 필수조건입니다. 법가는 권력이 제대로 기능하기 위해 충족되어야 하는 조건이 무엇인지 살피고 꿰뚫는 눈이 있었고, 유가와는 달리 이 조건을 잘 다루려고 노력했습니다.

자, 앞서 말한 대로 지배 범위의 확대와 영토국가화가 시대적 과제가 되었고, 과거와 다른 성격의 사람들이 등장했습니다. 야인의 성격이 변했고, 이들은 농민이 되어 국가가 부과하는 조세와 병역의 주체가 되었습니다. 그들의 수가 많아야 국가의 힘이 커지니 국가는 그들을 보호해야 합니다. 또 사회가 필요로 하는 재화를 생산하고 유통하는 상인과 공인 그리고 실무행정 지식노동자가 된 사인이 있습니다. 이들 역시 나름 보호해야 하는데 단순한 통제가 아니라 합리적이고 우호적으로 대해 줘야 군주의 권력과 국가의 힘이 강해질 수 있었지요.

라에 가서 강도 높은 변법 개혁을 추진해 초나라를 부흥하게 하지만 도왕(悼王) 사후에 귀족들에게 살해되고 맙니다. **63**

법이란 것은 그렇게 당대의 절실한 과제에 대한 답으로 등장했습니다. 법가에서는 대내외적인 치안 문제, 분쟁 해결, 교육, 구제, 사유재산 보호를 이야기했습니다. 특히 토호와 귀족이 함부로 백성의 재산을 강탈하거나 노동력을 착취하지 못하도록 법으로 규제했습니다. 사민 보호를 위해 법이 반드시 챙겨야 할 것들을 고민하고 또 고민했지요. 당시 정치의 본질을 생각할수록, 그리고 시대적 배경을 들여다볼수록 법가 사상의 탁월함과 합리성을 인정하지 않을 수 없습니다.

　법가 사상은 오늘을 사는 우리에게 국가 권력의 조건에 대한 날카롭고 서늘한 통찰을 보여 줍니다. 그들의 통찰은 지금도 정치와 사회, 국가와 행정의 현실을 해부해 보게 하는 메스와 현미경이 됩니다. '보호의 의무'도 마찬가지입니다. 정치공동체 구성원의 보호, 그것이 법의 기본이자 근본이며 그 보호의 의무를 다하는 것이 권력의 성립과 유지의 전제조건이다! 이러한 법가의 주장은 오늘날에도 진리이자 상식이라고 생각합니다.

　과연 지금 우리 사회는 국가가 보호의 의무를 다하고 있고 그 의무를 위해 법이 잘 기능하고 있는지요? 법가의 고민과 주장을 들여다보면 오늘날 우리 정치공동체의 현실이 더 분명하게 보입니다. 단순히 좋은 사람이 되려면 유가를 공부해야 할지 모르지만, 정치와 사회 문제를 제대로 알려면 반드시 법가를 공부해야 합니다.

6

{ 똑똑한 사람만 이해할 수 있는 법으로는 나라를 다스릴 수 없다 }

장자의 상대주의, 어디서 기원했을까?

사람은 습한 곳에서 자면 요통이 오고 반신불수가 되어 죽는데 미꾸라지도 그러하던가? 또 사람은 나무에서 살게 되면 두렵고 겁이 나는데 원숭이도 그러하던가? 사람과 미꾸라지와 원숭이, 이 셋 가운데 누가 진짜 바른 거처를 안다고 할 수 있겠는가? 사람은 소, 양, 개, 돼지와 같은 가축의 고기를 먹고 고라니와 사슴은 풀을 먹으며 지네는 뱀을 맛있다 하고 올빼미와 까마귀는 쥐를 즐겨 먹는다. 그러면 이 넷 가운데 누가 바른 맛을 알까?●

장자莊子는 모든 것들을 상대화해서 보고 회의적으로 보았죠. 시비 판단의 기준을 절대화하거나 하나의 이념

●『장자』「제물론」(齊物論)

과 사고를 머리에 이고 다니는 것을 경계했습니다. 그런 사람들을 조롱하기도 했죠. 장자의 상대주의는 중국 사상의 경직성을 풀어 주고 지식인의 비판 정신을 키우는 데 적지 않은 순기능을 했습니다.

그런데 장자는 어쩌다가 저런 개성적 사고를 하게 되었을까요? 저는 지정학적 이유가 크다고 보는데요. 장자가 살았던 송나라는 제, 초, 위衛 등에 에워싸여 있었습니다. 특히 장자가 살았던 곳은 강대국 초나라와 인접해 언제든 주인이 바뀔 수 있는 땅이었지요. 지배자가 바뀌면 그들이 내세우는 윤리와 도덕도 바뀝니다. 그런데 수시로 주인이 바뀌고 윤리와 도덕이 바뀐다면 어느 한 가지 사상과 이념에 집착하지 않게 되겠죠. 상대주의자이자 회의주의자 장자는 바로 그런 송나라의 지정학적 배경 아래 탄생했습니다. 이처럼 모든 사상과 철학은 지정학적 배경에 영향을 받습니다. 장자뿐 아니라 공자도, 묵자도, 그리고 법가도 마찬가지죠.

고난의 땅 중원, 법을 통한 부국강병 주장한 '법가' 배출

유가의 종사宗師 공자가 태어난 곳은 노나라입니다. 노나라는 지금 산둥 반도에 가까운 동방에 자리했고, 사방으로 탁 트인 지형이었습니다. 덕분에 노나라 백성은 위, 송, 제 등 주변국으로 이동하기 쉬웠죠. 모국에서 폭정을 행해 못살겠다 싶으면 다른 나라를 선택해 떠나갈 수 있었습니다. 백성이 떠나고 인구가 줄면 국력이 크게 기울겠죠. 그래서 노나라처럼 사방이 트인 나라에서는 강압적인 지배보다는 달래고 타이르는 온정적인 통치학이 발전하기 쉽습니다. 공자의 '인'仁이란 바로 그런 환경에서 태어났죠. 노나라가 낳은 또 다른 사상계의 슈퍼스타, 묵자 역시 '겸애'兼愛를 주장하며 유가보다 더 나아간 '민본주의'를 설파했습니다. 공자와 묵자 이전에 등장한 제나라 재상 관중도 부유함으로 백성을 모으고 배불리 먹이자고 주장했죠. 모두 동방의 사상가다운 주장입니다. 동방이라는 지리적 환경이 이들 사상이 형성되는 데에 결정적인 변수가 되었죠.

그런데 동방을 벗어나면 이야기가 달라집니다. 특히 천하의 중심부 중원, 그곳은 사방의 강자들이 몰려드는 시련의 땅이었습니다. 중국 역사가 흘러갈수록 중원의 범위가 갈수록 커졌지만 본래는 황하 중류의 땅을 '중원'이라 했습니다. 중원의 동쪽에 있던 강자도, 서쪽 북쪽 남쪽에 있는 강자도 모두 이 땅의 주인이 되고 싶어 했습니다. 그러다 보니 야심만만한 강대국들이 힘을 겨루는 각축장이 될 수밖에 없었죠.

본래 중원의 주인은 은殷 왕조였어요. 그런데 은이 멸망하며 서주 시대가 시작되었고, 서주 시대가 끝나면서 정나라가 주인이 됩니다. 사통팔달의 요지를 차지한 정나라는 동주 시대, 즉 춘추시대에 빛을 냈습니다. 하지만 그 전성기는 너무도 짧았죠. 이내 강국들의 간접 지배에 신음합니다. 나라를 빼앗기지는 않았지만 북방의 진晉과 남방의 초에 늘 시달려야 했죠. 하지만 이런 고난은 사상계의 슈퍼스타들을 키워 냅니다. '합종연횡'의 주인공 소진蘇秦과 장의張儀가 속한 종횡가縱橫家도, 정자산, 상앙, 이사, 한비자 같은 법가도 모두 중원이 낳은 인재들이었죠. 고난의 땅에서 태어나 약자의 설움을 알았던 이들은 생존과 자강이 최우선임을 머릿속에 아로새깁니다. 강대국 사이에 끼어 있으니 국제 정세에 밝았고, 외교로서 실리를 구했으며, 법치를 추구하고, 엄격하고 공정한 법을 통해 나라 안의 힘을 유기적으로 조직해 강국들이 결코 무시하지 못할 강한 국력을 가진 나라로 만들고자 했습니다.

중원에서 시작된 법가는 북방과 서방에서 뿌리를 내리고 발전합니다. 진晉에서는 정나라를 따라 성문법을 만들었고, 진에서 나온 위魏나라는 이극李克을 등용해 변법 개혁을 단행하고 자영농민을 육성해 전국시대 초기에 강국으로 떠오릅니다. 서방의 진나라는 전면적이고 체계적인 법치를 가장 철저히, 지속적으로 행한 나라이고요. 여기에는 역시나 지리적 환경이 결정적 변수로 작용했지요. 관중, 공자, 묵자를 배출한 동방과 달리

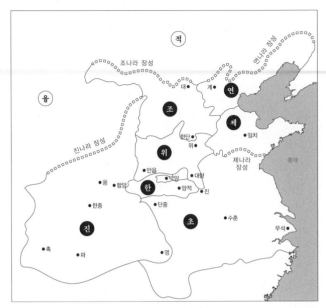

전국 칠웅(기원전 260년경)

북방과 서방은 산맥과 사막으로 막힌 지형입니다. 또 근처에는 융戎, 적狄이라는 사나운 이민족이 득시글거려 밖으로 뻗어 나가기가 몹시 힘들었죠. 이렇게 여러 가지 이유로 폐쇄적인 땅이었기에 법가의 일원화된, 때론 강압적이고 때론 효율적인 통치와 행정이 쉽게 먹혔던 겁니다.

정자산, 지배층 반대 뚫고 최초의 성문법 공포

"내가 죽은 뒤에 그대가 틀림없이 정나라를 다스리게 될 것이니, 반드시 엄한 자세로 사람을 다스려야 하오. 무릇 불은 형상이 무섭기에 불에 데는 사람이 적으나, 물은 약해 보이기에 빠져 죽는 사람이 많소. 그러니 그대는 반드시 엄격한 태도를 보이시오. 결코 약한 모습을 보여 사람들을 다치게 해서는 아니 되오." •

'법가의 시조'로도 일컬어지는 정나라 재상 정자산이 후임자 유길遊吉에게 남긴 말입니다. 정자산은 엄격한 법으로 통치하는 것이 사람들에게 도움이 되고 나라를 위하는 길이라고 보았죠.

기원전 536년, 정자산은 중국 고대사의 분기점이 되는 대사건을 일으킵니다. 법을 청동 틀에 새겨 백성 누구든 볼 수 있도록 공포해 버린 거죠. 중국에서 최초로 공포된 성문법입니다. 이는 기득권 세력인 귀족층에게 엄청난 충격이었습니다. 얼마나 충격이 컸으면 평소 정자산을 존중해 마지않던 예의 바른 인물, 이웃 진晉나라의 원로대신 숙향叔向이 항의 서신을 보내며 가시 돋친 비난을 쏟아냈을까요.

"백성이 정해진 형법이 있다는 것을 알게 되면 윗사람을

• 『한비자』「내저설 상」

꺼리지 않게 됩니다. 그리고 윗사람을 공경할 줄 모르고 다투는 마음이 따라 생기게 될 것입니다."●●

백성이 법을 명확히 알게 되면 법을 근거로 윗사람들에게 따지고 들며 대항하게 되니 절대 공포하면 안 된다는 말입니다. 이 한 마디만 봐도 당시 귀족층이 정자산의 성문법 공포에 얼마나 큰 두려움을 느꼈을지 짐작이 가지요. 하지만 자산은 그러거나 말거나 성문법 공포를 강행해 버렸죠. 법을 분명히, 널리 알리고, 약속된 법에 따라 세금을 걷고, 누구에게나 평등하게 법을 적용해야 백성이 나라의 통치를 믿고 따를 수 있다고 생각했습니다.

정나라는 북쪽의 진晉과 남쪽의 초, 춘추시대 양대 강국의 간접지배에 신음하던 나라였습니다. 외세에 흔들리니 안으로도 갈등이 심하고 내우외환에 바람 잘 날이 없었습니다. 그런데 정자산이 다스리던 시기에는 강국으로까지 도약하진 못했을지라도 단단해진 국력으로 진에게도 초에게도 자신 있게 목소리를 낼 수 있는 나라가 되었지요. 법치를 통해 맹수까지는 아니어도 고슴도치가 되어 가시를 세웠고, 강대국들이 함부로 건드릴 수 없는 상대였습니다.

한비자, 법을 명확히 알리고 법대로 통치하라

법가의 대표사상가 한비자도 정자산과 같은 지역에 살았습니다. 한비자는 한나라 사람이었지만, 정나라가 이후 한나라가 되었거든요. 북방의 진나라가 한, 위, 조세 나라로 갈라졌는데 한이 정을 압박하다가 결국 멸망시키고 정의 영토에 자리를 잡았던 겁니다. 정이나 한이나 중원이라는 고난의 땅이었죠. 그래서 정자산과 유사한 캐릭터인 한비자가 탄생했을 겁니다.

한비자는 외세에 대한 이야기를 특히 많이 합니다. 조국 한나라는 사방 강국에 치이는데, 내부에는 외세에 줄을 선 간신배가 들끓고 있습니다. 그들이 외세를 믿고 특권을 누리며 횡포를 부림에 따라 국력은 자꾸 약해지고, 그에 따라 외세의 억압도 더 강해지는 악순환에 한비자는 분노합니다. 한비자는 누구에게나 공정하고 평등하게 적용되는 법을 통해 특권 세력의 전횡을 막고 그들의 힘을 빼앗아 백성을 보호하는 강력한 법치를 주장합니다. 그리고 법치를 통해 백성의 신뢰를 얻어 내고 국력을 키워 내야 한다고 주장했죠. 또한 정자산과 마찬가지로 법은 객관적이고 투명해야 하며, 백성에게 공포해야 한다고 주장했습니다.

옛사람들이 말하기를 "마음은 알기 어렵고 희로의 감정

은 맞추기 어렵다"고 한다. 그러므로 표식으로 눈에 보여 주고 북으로 귀에 알려 주며 법으로 마음에 가르쳐 주어야 한다. 군주 된 자가 세 가지 쉬운 방법을 놓아두고 한 가지 알기 어려운 마음을 따라서 행하려 한다면, 군주에게는 노여움이 쌓이며 백성에게는 원한이 쌓일 것이다. 쌓인 노여움을 가지고 쌓인 원한을 통어하면 양쪽 모두 위험해진다.●

한비자는 법을 명확히 알리고 그 법대로 통치하지 않으면 백성에게 원한이 쌓여 나라에 대한 신뢰가 사라질 것이라고 경고합니다. 작은 나라일수록 백성이 위정자를 신뢰해야 나라가 단단해지는데, 그렇게 되려면 법을 명확히 세우고 그 법을 백성이 분명히 숙지하도록 해야 하며, 위정자는 그 법대로 다스려야 한다고 주장합니다.

또한 한비자는 똑똑하고 영리한 사람만이 이해할 수 있는 법으로는 나라를 다스릴 수 없다고 했습니다. 어찌 모든 백성이 똑똑할 수 있겠습니까. 그래서 한비자는 법은 누구나 알기 쉽고 분명해야 한다고 강조합니다. 알아볼 수 없는 문자와 어려운 말로 만들면 법은 특권층의 전유물이 되어 백성에게 오히려 해를 끼치고, 법치의 의미가 없어진다고 말합니다. 기원전에 살았던 사상가의 생각이지만, 오늘날의 현실을 보고 말하는 것 같

●『한비자』「용인」(用人)

지 않나요? 이렇게 서늘한 통찰이 바로 법가만의 매력입니다.

7
{ 법을 교육하지 않아 죄를 지었다면
처벌하지 말라! }

진나라의 법률 「진율 30」,
촘촘하고 체계적인 국가행정 시스템

법가 하면 진나라고, 진나라는 법치로 흥해 천하를 통일한 나라인 만큼 과연 진의 법률은 어떠했을까 궁금하셨겠지요? 그래서 준비했습니다. 「진율 30」, 바로 진나라의 법률입니다.

1. 전율田律: 지역사회 질서 유지, 농사·농지 관리, 토지세 징수 관련 규정
2. 구원율廄苑律: 가축의 사육·관리·사용 관련 규정
3. 금포율金布律: 화폐 및 물자 관리 규정
4. 관시율關市律: 관문·시장 담당 관리의 직무 관련 규정

5. 창률倉律: 군용 양식·사료 창고 관리 규정

6. 공률工律: 관영 수공업의 총체적 관리 규정

7. 공인정工人程: 관영 수공업 생산기준량 관리 규정

8. 균공均工: 수공업 노동자의 관리·배치 관련 규정

9. 요율徭律: 노역·요역 관련 규정

10. 사공률司工律: 토지·수리·건설 등 토목 사업 관리 규정

11. 군작률軍爵律: 군공·작위 등 서훈 관련 규정

12. 치리율置吏律: 관리 임명 관련 규정

13. 제리율除吏律: 관리 해임 관련 규정

14. 효율效律: 관청 물품의 검사 관련 규정

15. 전식률傳食律: 파발에 대한 음식 공급 관련 규정

16. 내사잡內史雜: 내사 직무 관련 규정

17. 위잡慰雜: 정위 직무 관련 규정

18. 행서行書: 문서 전달에 관한 규정

19. 속방屬邦: 소수민족 담당기관 직무 관련 규정

20. 유사율遊士律: 종횡가에 관한 규정

21. 제제자율除弟子律: 문인·지식인 유치와 수용에 관한 규정

22. 중로율中勞律: 종군과 공적 관리에 관한 규정

23. 장률藏律: 관청의 문서 관리와 물자 수집 및 보존에 관한 규정

24. 공차사마엽률公車司馬獵律: 왕실 호위대의 사냥과 훈

련에 관한 규정

25. 우양과牛羊課 : 소·양 사육과 관리에 관한 규정

26. 전율傳律 : 성인 남자의 신분 등록 관련 규정

27. 둔표율屯表律 : 변방 관리 관련 규정

28. 포도율捕盜律 : 도적 체포 관련 규정

29. 수율戍律 : 변방 수비병의 징집에 관한 규정

30. 제율劑律 : 재물·경제 관리 규정

어떻습니까, 제법 놀랍지요? 법가 사상가들이 말하는 법치의 이상과 실체가 보입니다. 기원전 국가의 법률이라고는 믿기지 않을 정도입니다. '위잡'은 요새로 치면 검찰총장인 '정위'廷尉가 총괄하는 국가 사법조직에 관한 법이고요, '속방'은 소수민족 관련법으로 우리나라의 국적법, 다문화가족지원법에 해당합니다.

그리고 군의 운영, 등기와 호적, 관리 충원, 정부 재정과 행정문서 등 국가 행정 영역에 관한 많은 규정을 두고 있지요. 당시 진의 시스템이 얼마나 정교했는지 잘 알 수 있습니다. 그뿐이 아닙니다. 정부조직법, 재정법, 사회간접자본을 만들고 관리하는 공기업에 관한 법률도 보이지 않습니까? 「진율 30」은 단순한 법 규정이 아니라 시스템 설계도이자, 제도의 촘촘한 그물망이라 할 수 있습니다. 이렇듯 진나라는 세밀한 법 제도를 만들어 체계적인 국가행정을 펼치려 했습니다. 프랜시스

후쿠야마 같은 정치학자가 진을 두고 괜히 '인류 최초의 근대국가'라고 한 게 아니지요.

진나라를 두고 흔히 했던 오해와 달리, 「진율 30」에는 형법보다는 행정법의 영역이 많습니다. 이게 전부가 아닙니다. 발굴되는 죽간을 보면 여러 사회 영역을 더욱 세분화된 법으로 다스려 정교한 국가행정 시스템을 일구려고 많은 노력을 기울였음이 드러납니다. 또 진나라의 법률을 제정하고 운영하는 데에는 진에 투신한 묵가 집단인 진묵秦墨도 큰 역할을 했는데요, 묵가는 하층민을 위해 사회변혁을 외친 학파이지요. 모든 백성에게 최소한의 삶을 보장해 주자는 겸애兼愛, 일원화된 정치질서를 말하는 상동尙同, 능력 중심의 인사행정인 상현尙賢을 주장한 이들인 만큼 진율에는 이런 내용이 담겼을 겁니다.

법가 사상이 현실에서 어떻게 법률로서 구현되었는지 똑똑히 보았습니다. 이제 법가를 떠받치는 핵심 개념인 법法, 술術, 세勢에 대해 본격적으로 이야기해 보지요. 먼저 '법'입니다.

법가에게 '법'이란 변법, 즉 '사회개혁'

법가는 한비자가 집대성한 사상이라 할 수 있습니다. 그런데 사실 법가는 동일한 스승과 텍스트를 공유하지 않고, 모두가 인정하는 종사나 창시자도 없으며, 스승에서 제자로 전승된 사례도 없기 때문에 하나의 '학파'라고 보기는 어렵습니다. 법가 사상가들은 서로를 잘 알지도 못했고, 서로 동지 의식을 가진 적도 없었습니다.

오기, 상앙, 신불해申不害●, 신도, 이들을 '법가'라고 하는데 한비자가 등장하기 전에는 이들이 하나의 범주로 묶인 적도 없었죠. 다만, 한비자가 이들이 지닌 통치의 근본원칙과 문제의식이 비슷하다며 '법가'의 이름으로 묶었고, 그들의 사상을 취합해 자신의 사상과 함께 집대성했습니다. 이후 줄곧 하나의 학파처럼 인식된 거죠.

그런데 왜 그들이 법가일까요? 말하나마나 법을 중시했으니 법가지요. 하지만 그들 가운데 누구도 법을 중시해라! 법으로 다스려라! 그렇게 단순하게만 말하지는 않았습니다. 다만, 바꾸고 개혁하자! 변법變法을 해 보자! 이렇게 주장하면서 유가의 정치 노선과 통치술이라 할 수 있는 덕치, 예치, 인치를 부정했지요. 그러다 보니 기득권 세력과 충돌했고, 유가와 사상 투쟁을 벌일 수밖에 없었습니다. 따라서 법가의 정체성, 그들이 말하는 법의 구체적 모습은 유가와 같이 이야기할 때 명확

● 정나라의 하급 관리 출신으로 상앙, 신도와 동시대 인물입니다. 정이 멸망하자 한나라의 재상이 되어 외침을 막아 내고 부국강병을 꾀하며 15년간 나라를 다스렸습니다. 이 시기가 전국시대 최약체 한나라의 유일한 치세로 보입니다.

하게 드러나는 경우가 많습니다.

상앙이 진에 입성해 새로운 법으로 나라를 다스리자고 하자, 유학자 감룡甘龍과 두지杜摯는 강하게 반발합니다.

"성인은 백성의 풍속을 바꾸어서 가르치지 않으며 지혜로운 자는 법을 고쳐서 다스리지 않는다고 합니다. 백성의 풍속을 따라서 가르치면 힘들이지 않아도 공이 이루어지며, 옛 법에 의거하여 다스리면 관리는 능숙하고 백성은 편안해합니다."

"이익이 백 배가 되지 않으면 법을 바꾸지 않으며 공이 열 배가 되지 않으면 그릇을 바꾸지 않는다고 합니다. 또 듣건대 옛날의 법을 본받으면 잘못될 수가 없으며 옛날의 예를 따르면 기울어질 수가 없다고 합니다."●

이들은 옛 관습대로 다스리면 된다며 변법을 거부하는데요. 어떻습니까, 설득력이 있나요?

상앙은 시대의 추세에 따라 통치 방법이 달라야 한다며 이들의 반발을 일축하죠. 상앙은 국가가 주체가 되어 성문법을 만들고, 제도를 뜯어고쳐야 한다고 주장했습니다. 이는 단순히 '법대로' 하자는 걸 넘어섭니다. 군사력 강화, 조세 수입 증가, 토호 세력과 중간 착취자

　　●『상군서』「경법」(更法)

의 제압과 제거, 농업 생산성 향상, 국가행정의 시스템화, 엄격하면서 평등한 일원적인 법 집행, 관료제와 합리적 인사행정을 통해 백성의 힘을 유기적으로 조직해 부국강병을 이룩하자는 주장이었죠.

이처럼 '변법'은 법 개정뿐 아니라 사회 전반을 개혁하자는 주장이었기 때문에 당연히 보수파와 수구 세력에게 불편한 사상일 수밖에 없었습니다. 그들은 법가를 아주 싫어했습니다. 감룡과 두지로 대표되는 그들은 주로 유가 사상으로 무장해 있었고 덕과 예를 말하면서 법치와 변법에 반대했습니다. 공자부터가 보수적인 면이 많이 보였지요. 법으로 하는 정치 싫어했어요. 맹자는 대놓고 변법을 거부했습니다.

> 정책으로 이끌고 형벌로 가지런히 한다면 백성은 범죄를 저지르지 않으려고만 할 뿐 부끄러워하지 않는다. 덕으로 이끌고 예로 가지런히 한다면 부끄러움을 알 뿐 아니라 떳떳해진다. ●●

이처럼 유가는 윗사람이 덕을 갖추고 모범을 보이고, 덕과 예로써 아랫사람을 교화하면 세상은 절로 안정된다고 생각했습니다. 그러니 딱히 법과 제도는 필요하지 않고 외려 법과 제도가 혼란을 일으킬 수 있다고 보았지요. 법가는 이를 강력하게 반박합니다.

●● 『논어』(論語)「위정」(爲政)

부모의 사랑, 마을 사람의 지도, 스승과 어른의 지혜라는
세 가지 미덕이 가해져도 움직이지 않고 고치지 않다가,
지방관청의 관리가 관병을 이끌고 공법公法을 내세워 간
악한 행동을 바로잡으려 하면 비로소 두려워하며 생각을
바꾸고 행동을 고치게 된다.●

직접 낳고 기른 부모 말로도 안 되는데 임금과 관리들
의 덕과 예로 교화하자? 한비자는 이런 유가의 주장은
전혀 현실성이 없다고 비판합니다. 많은 인구, 한정된
재화, 국정을 농단하는 특권층과 백성을 괴롭히는 토호
가 판치는 세상에서 덕치와 예치를 베푼다? 어림없는
소리라는 거죠.

성문법을 공포하고
누구나 이해하기 쉽게 알리고 교육하라!

법이라는 것은 문서로 엮어 내어 관청에 비치하고 백성
에게 공포하는 것이다.●●

법이란 것은 내건 명령이 관청에 명시되고 형벌은 반드
시 백성의 마음속에 새겨져야 한다.●●●

● 『한비자』「오두」
●● 『한비자』「난삼」(難三)
82　●●● 『한비자』「정법」(定法)

한비자는 백성이 법을 몰라 처벌을 받거나 사유재산을 지키지 못하는 일이 없도록, 일단 문자화하고 공포하여 널리 알리고, 투명하게 내걸어 누구든 보고 확인할 수 있게 해야 한다고 주장했습니다. 상앙은 국가에서 법 전문 관리를 뽑아 백성에게 홍보하고 널리 알려야 한다고까지 주장했죠. 그러나 그저 법을 공포하고 투명하게 내건다고 백성이 법을 숙지할 수는 없을 겁니다.

현명한 군주가 세운 표식은 보기 쉬우므로 약속이 잘 지켜지고, 가르침은 알기 쉬우므로 이르는 말이 잘 들리며, 법은 실행하기 쉬우므로 명령이 잘 행해진다. 이 세 가지가 확립되고 군주에게 사사로운 마음이 없다면 법에 따라 신하를 다스릴 수 있다. ●●●●

이 말은 백성과 신하를 다스리려면 법을 성문화하고 널리 공포하는 것만으로는 부족하고, 누구든 알기 쉽고 이해할 수 있게 만들어야 한다는 뜻입니다. 법이 어려우면 아무리 성문화되고 공개되어도 백성은 알 길이 없고, 법은 특권층의 전유물이 될 뿐이죠. 이것만 봐도 법가가 말하는 '법'은 통제수단이 아니라, 특권층의 발호를 막고 선량한 백성을 보호하기 위한 것이었음을 알 수 있습니다.

그래서 상앙이 아예 국가에서 법 전문가를 뽑아 지방 구석구석으로 보내서 백성에게 법을 가르쳐야 한다고 한 겁니다. 왕이 이들을 직접 임명하고 발령해 지방관이나 지방귀족의 간섭을 철저히 차단해야 한다고도 했습니다. 뿐만 아니라 단순한 법 교육을 넘어 백성이 찾아와 애매한 사항에 대해 질문할 수 있도록 개방해 친절히 상담해 주고, 법 적용이 애매하다 싶을 때는 중앙정부에 사람을 보내 질의하고 또 그런 과정과 결과를 기록으로 남겨야 한다고 했지요. 만약 이런 내용에 대한 홍보와 교육이 제대로 이루어지지 않아 백성이 관련법을 어겼다면, 그때는 처벌하지 말아야 한다고까지 주장했습니다. 상앙의 이런 파격적인 주장은 실제 진나라의 법에 규정되어 시행되었습니다.

　정말 놀랍지요? 요즘 같은 세상에도 보통 사람들에게 법률의 문턱은 높기만 한데, 무려 기원전 국가에서 '찾아가는 법 교육'과 언제든 찾아가 상담할 수 있는 '열린 창구'를 두었다니요.

8

법은 귀한 사람이라 하여
아첨하지 않는다

법의 합리성—누구나 지키고 따를 수 있는 법

사람들이 생을 즐기지 못하면 임금이 존중받지 못하고,
죽음을 두려워하지 않게 되면 명령이 행해지지 않는다.

한비자가 남긴 명언이 정말 많지만, 저는 이 말을 특
히나 좋아합니다. 국가를 제대로 보존하는 원칙과 위기
를 극복하는 방식을 구체적으로 설명한 「안위」安危 편
에 나오는 명언이죠. 정치와 행정이 백성을 편안하게
해 주고 욕망을 충족할 수 있는 환경을 만들어 줘야 한
다, 이 말입니다. 또 가혹하게 통치해서 이래 죽으나 저
래 죽으나 똑같다는 모진 마음을 품게 해서는 안 된다는
뜻이죠. 한비자는 법이란 결코 잔인해서는 안 된다, 사

람들이 행복하게 살고 싶은 소망을 충족시킬 수 있게 도와주는 것이어야 한다고 말합니다. 법과 법치는 백성의 인지상정에서 크게 벗어나지 말아야 한다는 것이 바로 한비자가 생각한 법의 합리성입니다.

신도 또한 민심에 순응하는 법치를 주장합니다.

나라의 법이란 하늘에서 떨어진 것이 아니고 땅에서 솟아난 것도 아니다. 법은 사람들에 의해서 생겨난 것이며 민심에 부합하고 백성의 정서에도 적합한 것이다. 이는 마치 물을 다루는 자는 물의 상황과 세력에 따라서 인도해야 하는 것과 같다.[•]

그렇습니다. 법은 보다 잘 살고 싶어 하는 욕망, 죽기 싫어하고 험한 것을 피하고픈 우리 인간 심리의 실정에서 벗어나지 말아야 합니다. 그런 합리성을 견지할 때 법치가 제대로 이루어질 수 있죠. 법가가 지향하는 합리성은 누구나 행할 수 있는 '가행성'可行性이라고 할 수 있는데요, 이는 바로 '누구든 따르고 지킬 수 있어야 한다'는 뜻입니다.

군주가 법을 만들 때에는 누구나 다 받을 수 있는 상을 제정하고, 또 누구나 피할 수 있는 벌을 설정한다.[••]

[•] 『신자』「일문」
[••] 『한비자』「용인」

가행성은 곧 합리성의 생명이라고 할 수 있습니다. 한비자는 아무리 어리석은 사람이라도 지키고 따를 수 있게 법을 제정해야 한다고 주장합니다. 그래야 사회적 약자들도 험한 일을 당하지 않는다고요. 만약 따르기 어려운 법을 세워 그에 미치지 못하는 자를 벌준다면 백성에게 원망이 쌓이고 군주는 고립될 것이라고 경고하지요.

상을 지나치게 남발하는 지도자는 되레 백성의 마음을 잃을 것이며, 형벌을 지나치게 가하는 지도자는 되레 백성이 두려워하지 않게 될 것이다. 상으로 백성의 선행을 권하기 어렵고 형벌로 백성의 악행을 금하기 어려우면 나라가 비록 크더라도 반드시 위태로워질 것이다.●●●

한비자는 형벌의 남용과 잔혹한 형벌을 반대합니다. 잔인한 형벌이 빈번히 행해진다면 누가 나라의 법이 합리적이라고 생각하겠습니까. 따르기 힘들고 지은 죄에 비해 너무 가혹한 처벌을 받으면 누구든 납득할 수 없을 것입니다. 누구든 따를 수 있고, 지나치게 벌을 남용하지 않으며, 노력하면 모두가 법에 규정된 대로 상을 타서 득을 볼 수도 있는 법이 만들어지고 법치가 행해져야 합니다. 법가는 자신들이 주장하는 법과 법치에 합리성을 담기 위해 성실하게 노력했습니다.

●●●『한비자』「용인」

법은 귀한 자에게 아첨하지 않는다

장왕莊王은 초나라를 제, 진晉에 이어 춘추시대 세 번째 패권 국가로 만든 군주입니다. 이 초 장왕 시절에 모문茅門(궁 안의 중간문)에 관한 법이 있었습니다. 신하든 대부든 공자든 누구든 간에 수레를 타고 모문까지 들어올 수 없었으며, 이를 어긴다면 곧바로 말을 쳐 죽이고 수레를 부수도록 했지요. 그런데 어느 날, 태자가 모문으로 들어오려고 하는데 궁중 마당에 물이 괴어 있어 수레에서 내려 걸어오기가 난감한 상황이 벌어집니다. 하는 수 없다며 태자는 수레를 타고 그대로 모문을 넘어섭니다. 그러자 옥사를 다루는 정리延吏가 달려와 규정대로 말을 죽이고 수레를 부숩니다. 감히 정리 따위가 태자에게? 분노한 태자는 왕에게 달려가 울면서 청하죠. "저를 위하여 정리 저놈을 주살해 주십시오."

그러자 초 장왕이 이렇게 말합니다.

"법이란 종묘를 받들고 사직을 높이기 위한 것이다. 그러므로 능히 법을 내세우고 명령에 따라 사직을 높이 받드는 자를 사직의 신하라 한다. 어찌 주살할 수 있겠는가. 그리고 법을 어겨 가며 명령을 저버리고 사직을 높이 받들지 않는 자가 있다면 그런 사람은 신하이면서도 감히 군주의 지위를 넘보고 아래로서 위를 능멸하는 자이다.

신하가 군주를 넘보면 군주가 권위를 잃고 아래가 위를 능멸하면 윗자리가 위태로워진다. 권위를 잃고 자리가 위태로워지면 사직을 지킬 수 없는데 그렇다면 내가 무엇을 자손에게 물려주겠는가?"•

서슬 퍼런 왕의 호통에 태자는 바로 물러나 사흘 동안 노숙하며 "죽을죄를 지었으니 벌을 내려 달라"고 머리를 조아렸다고 합니다. 여기서 우리는 한비자가 주장하는 법의 공정성을 알 수 있죠. 공평무사, 모두에게 똑같이 적용하라, 신분을 묻지 않고 법 앞에 동등해야 한다. 이것이 바로 법가가 생각한 '법'입니다.

정말 공이 있다면 비록 관계가 멀고 신분이 낮은 사람일지라도 반드시 상을 주어야 하며, 정말 허물이 있다면 관계가 친근하고 총애하는 사람일지라도 반드시 처벌해야 한다. 관계가 멀고 신분이 낮은 자가 반드시 상을 받고 친근하고 총애하는 자도 반드시 벌을 받는다면, 멀고 낮은 자가 일을 게을리하지 않을 것이며 친근하고 총애받는 자도 방자하게 굴지 않을 것이다.••

신분과 배경이 상과 벌을 내리는 데 변수가 되어서는 결코 안 되겠지요. 상앙도 "성인이 나라를 통일할 때는 상을 통일하고 형벌을 통일한다"고 말했습니다. 공을

• 『한비자』 「외저설 우상」(外儲說 右上)
•• 『한비자』 「주도」(主道)

세웠다면 지혜로운 자나 우둔한 자나 존귀한 자나 비천한 자나 가리지 말고 법에 규정된 대로 똑같이 상을 주고 신분까지 파격적으로 올려 주어야 하며, 신분과 배경 때문에 상에서 배제되는 경우도 없어야 한다고 강조했습니다. 한비자는 더 나아가 "현명한 군주는 재상을 시골에서 발탁하고 용장을 병졸 가운데서 발탁할 수 있어야 한다"고까지 했죠.

법가에서는 왜 이렇게까지 공평무사를 강조했을까요. 백성이 힘을 다해 국가가 부과하는 의무를 행하고, 또 자기성장 욕구를 가지고 일하고 능력을 발휘할 때 국력이 강해진다고 보았기 때문입니다. 진나라가 괜히 단시일 내에 강성해진 것이 아닙니다. 이처럼 상을 통일하여 백성의 상승 욕망을 자극했기 때문이죠.

상앙은 벌을 시행할 때도 사람의 등급을 따지지 말라고 했습니다. 그는 묵가의 법치 노선인 동同 논리의 영향을 받아 줄곧 '일壹'을 강조합니다. 하나같이, 똑같이 한다는 뜻입니다. 일상壹賞, 일벌壹罰, 일교壹敎, 즉 모두에게 똑같이 의무가 주어지고 권리를 보장받도록 해야 한다는 것입니다. 그렇습니다. 일壹해야죠. 예외 없습니다. 재상과 장군에서 대부와 서민에 이르기까지, 나라의 금지령을 범하거나 법제를 어지럽게 하는 자는 누구나 똑같이 벌을 받아야 합니다.

상앙은 또 법을 수호하고 직무를 수행할 의무가 있는

관리가 범법 행위를 저지르면 백성보다 더 강하게 처벌해야 한다고도 주장합니다. 사회적 신분이 높은 사람일수록 강한 책임을 물어야 한다는 것이죠. 유일한 주권자인 군주의 지위를 공고히 하고 나라의 기강을 잡으려는 목적도 있지만, 더 나아가 그렇게 할 때 백성이 나라의 정치를 신뢰할 수 있다고 보았기 때문입니다.

"법을 가지고 나라를 다스리는 것은 지극히 쉽습니다. 법은 귀한 사람이라 하여 아첨하지 않고, 먹줄은 나무가 휘었다 하여 굽혀 가며 재지 않습니다. 법을 적용할 때에는 지혜로운 자라고 해도 변명할 수 없으며 용자라 해도 감히 다툴 수 없습니다. 지은 죄를 벌하는 일에는 중신이라 하여 피할 수 없고, 선행을 상 주는 일에는 서민이라 하여 빠뜨릴 수 없습니다."●

법불아귀法不阿貴, 법은 귀한 자에게 아첨하지 않는다. 법가 사상가들이 가장 강조한 말로, 바로 법치가 구현해야 하는 정신입니다. 법가는 공정성에 있어서는 대단히 단호했는데, 그러다 보니 너무 빡빡하다, 유연하지 못하다는 비난까지 들어야 했지요. 하지만 그들은 절대 굽히지 않았습니다. 군주를 제외하고는 모두가 법 앞에서 똑같은 존재로 만들었죠. 어쩌면 평등을 가장 강조한 사람들이고, 근대적인 사상가라 할 수 있는 사람들입니다.

천하를 통일한 진은 6국의 왕족이나 귀족, 대상인과 지주의 기득권을 전혀 인정하지 않았습니다. 과거 이들은 법을 어겨도 어떤 처벌이나 불이익을 받지 않았지만, 진에 복속되면서 지은 죄에 따라 감옥에 가야 하고, 천한 것이라고 업신여겼던 백성 앞에서 매를 맞아야 했으니 견딜 수가 있었겠습니까. 이런 진의 정책에 불만을 품고 있었던 이들이 진시황이 죽은 뒤 들고 일어나면서 결국 진이 몰락에 이르게 된 것이죠. 진은 사실 너무 근대적이었기에 망한 감도 있습니다. 진이 무너지고 이후 한이 들어선 것은 역사의 퇴행이라 할 수 있고요.

법치의 목적—약자가 겁박당하지 않도록

나라를 다스릴 때에는 명확한 법을 설정하고 엄격한 형벌을 제시함으로써 모든 사람의 혼란을 구하고 천하의 재앙을 물리쳐야 한다. 그래야 강자가 약자를 침해하지 않고, 다수가 소수를 학대하지 않고, 노인이 천수를 누리고, 어린 고아가 성장하고, 변경이 침략당하지 않고, 군신이 서로 친밀해지고, 부자가 서로 감싸 주고, 다투다가 죽거나 붙잡힐 염려가 없게 된다. 이것이 바로 최상의 공적이다. •

이처럼 한비자는 약자가 겁박당하지 않고, 소수자가 학대당하지 않고, 고아가 사회구성원으로 자라날 수 있도록 하는 것이 바로 법치의 목적이라고 보았습니다. 국가의 강성함을 법치의 목적으로 내세운 상앙에서 더 나아가, 한비자는 법이 보호해야 하는 백성을 여섯 가지 범주로 묶어 제시합니다.

1. 위험을 당했을 경우 정성을 다 바치며 절의 때문에 죽음을 마다하지 않는 사람
2. 식견이 적고 명령에 잘 따르며 법을 온전하게 지키는 사람
3. 농사일에 힘써서 먹고살며 재화를 산출하는 사람
4. 선량하고 온후하며 순수하고 성실한 사람
5. 명령을 중히 여기고 일을 황송하게 받들며 윗사람을 존경하는 사람
6. 적을 꺾고 간악을 막아 윗사람이 똑똑히 물정을 살피게 하는 사람 ●●

이렇게까지 한 것을 보면, 한비자는 진정 백성을 보호하는 법을 중시한 사람이었습니다.

"성왕聖王이 천하를 다스리면 제후는 덕을 쌓아 백성을 교화하고 백성은 최선을 다해 농사에 힘씁니다. 부녀자

는 최선을 다해 방직에 힘쓰고 남자는 최선을 다해 식량을 생산하니 백성이 얼어 죽거나 굶어죽는 일이 없게 됩니다. 이는 백성이 두 번째 생명을 얻는 것이나 마찬가지입니다. 성인이 위에 자리하면 제후는 인의를 쌓는 데 힘쓰고 관리는 백성을 아껴 백성이 순종하게 되니 형벌이 폐지되고 백성은 무고하게 죽음을 당하지 않습니다. 이는 백성이 세 번째 생명을 얻는 것과 같습니다. 성왕께서 위에 있으면 때에 맞게 백성을 부리고 때에 따라 백성을 부리게 되니 백성은 병들거나 고통스러워하지 않습니다. 이는 백성이 네 번째 생명을 얻는 것과 같습니다."●

신도가 말하는 성왕이란 법치를 행하는 군주입니다. 백성을 함부로 부리거나 동원하지 않고, 생업에 힘쓸 수 있도록 보장하고, 무고한 사람이 법에 의해 주살당하지 않게끔 하여 백성에게 네 번이나 생명을 주는 것이 법치입니다. 백성을 보호하고 지켜 줘서 편안히 오래 살 수 있게 해야 한다, 이것이 바로 신도가 보는 법치의 목적이고 청사진이었습니다.

"백성이 생을 즐기지 못하면 임금은 존중받을 수 없다."●●

그렇습니다. 백성이 삶을 즐기고, 행복하게 살 수 있게 법이 도와야 합니다. 그러기 위해서 법은 늘 공포되

● 『신자』 「일문」
●● 『한비자』 「안위」

어야 하고, 투명해야 하고, 합리적이어야 하며, 공평무
사해야 합니다.

9

현명한 군주는 지혜로운 자가 생각을 짜내고 일을 결단하게 한다

상앙의 '법'은 왜 실패했나?
신하를 관리하는 '술'을 몰랐다

지금까지 법가에서 말하는 '법'이 무엇인지 구체적으로 알아보았습니다. 이번에는 '술'術에 대해 이야기해 보죠. '법', '세'勢와 더불어 법가의 3대 중요 개념인 '술'은 신불해가 주창한 개념입니다. '세'는 신도가 설정했고, '법'은 상앙이 통치의 중심으로 잡은 개념이죠. 그리고 한비자가 이 세 가지 개념을 결합해 '술치術治, 세치勢治, 법치法治'라는 법가 사상으로 집대성했습니다.

법이란 문서로 기록, 편찬하여 관청에 비치하고 백성에게 공포하는 것이다. 술이란 가슴속에 숨겨 두고 여러 가

지 실마리에 맞추어 슬며시 여러 신하를 제어하는 것이다.●

군주 된 자가 술을 잡지 못하면 위세가 가벼워져서 신하가 멋대로 명성을 떨친다.●●

　신불해와 한비자는 '술'로써 신하들을 제어한다는 '이술어신'以術御臣을 주장했지요. '술'이란 신하들을 빈틈없이 관리하고 통제해 군주의 권력을 안정되게 행사하기 위한 방법입니다. '법'이 만민에게 통용되는 것이라면 '술'은 군주가 익혀야 할 정치 기술인 셈이죠. 그래서 술을 '군술'君術이라고 일컫곤 합니다. 신불해가 강조한 '술'과 상앙이 강조한 '법', 이 두 가지 가운데 어느 쪽이 더 나라에 긴요할까요? 한비자는 "그건 딱 부러지게 말할 수 없다"면서 이렇게 설명합니다.

　사람이 열흘 동안 먹지 않으면 죽고, 큰 추위가 한창일 때 입지 않으면 역시 죽는다. 이를 가리켜 옷과 음식 가운데 어느 쪽이 긴요한가 말할 수 있겠는가. 살아가는 데 어느 하나도 없어서는 안 되는 조건이다.●●●

　사람이 살려면 입을 것도, 먹을 것도 있어야 하듯이

●『한비자』「난삼」(難三)
●●『한비자』「외저설 우하」
●●●『한비자』「정법」

군주가 국가를 다스리는 데는 '법'뿐 아니라 '술'도 있어야 한다는 뜻이죠. 한비자는 법과 술 두 가지를 모두 써야 한다는 '법술범용'法術汎用을 주장합니다.

"상앙이 십오 호를 연좌해 함께 죄를 묻고, 상은 후하게 내리고 벌은 엄하게 내리기를 분명히 하였습니다. 그러자 백성은 일하여 지치더라도 쉬지 않았고 적과 싸워 위태로워도 물러나지 않았습니다. 나라가 부유해지고 군대가 강해진 이유입니다. 그러나 군주가 술로써 간신을 알아내지 못했기에 그 부강은 신하에게 이로울 따름이었습니다. 효공과 상앙이 죽고 혜왕이 즉위하자 진의 법이 폐지되지 않았는데도 장의가 진을 가지고 한韓과 위魏로부터 이득을 취하였습니다. 혜왕이 죽고 무왕이 즉위하자 이번에는 감무가 진을 가지고 주周로부터 이득을 취하였습니다." ●●●●

한비자는 대대로 있었던 진나라 조정의 난맥상을 보고 "상앙은 법을 주장했지만, 술을 몰랐다. 따라서 군주가 '법'으로 백성을 통제하고 관리하는 데는 빈틈이 없었지만, '술'을 몰라 신하들에게 휘둘렸다"고 진단했지요. 한비자와 동시대인인 진시황만 해도 친모를 비롯해 여불위呂不韋, 노애嫪毐 등 거물 신하에게 적지 않게 권력을 침해받았다는 사실이 사마천의 『사기』에서 생생히

확인됩니다. 한비자는 법만으로는 나라를 다스릴 수 없다고 주장하며 신하를 다루는 전략과 전술을 자세히 설명합니다.

형명의 술,
보직을 기준으로 성과를 따져 상과 벌을 내려라

한비자는 '형명形名의 술' 이론을 통해 신불해가 주창한 술치를 사상적으로 완성하고, 치밀하고 체계적인 시행 방법까지 고안했습니다.

한비자에게 '술'이란 '형'形과 '명'名으로 이루어진 신하 관리·통제의 정치 테크닉입니다. 병가 사상가인 손자孫子의 영향이 많이 보이는데요, 사실 한비자뿐 아니라 법가 사상가 대부분이 병가로부터 영향을 받았습니다. 중국에서는 예로부터 "군문軍門 없이 '법가'는 없다"라고 말하지요. 손자를 비롯한 병가의 사상은 정치와 행정의 장에도 대대적으로 도입되었습니다.

고구려 또한 일찍이 『손자병법』을 비롯해서 많은 중국의 병서를 받아들였는데, 병서를 활용해 단순히 군사력만을 높인 게 아닙니다. 정치 조직의 틀을 정비하고, 행정의 밀도를 높이고, 국가의 꼴과 체계를 갖추는 데 적극 활용하며 국력을 높였지요.

오늘날에도 군대를 관리하고 병사를 통솔하는 부대

경영의 원칙과 노하우가 민간으로 보급되어 국가 행정과 기업 경영에 많이 쓰입니다. 현대의 경영학, 행정학, 조직학, 교육학 모두 양차 세계대전을 겪으며 크게 발전했습니다.

　많은 병력을 적은 수의 병력을 부리듯 할 수 있게 만드는 것이 바로 '형명'이다.●

　손자는 '형명'의 방법을 쓰면 많은 병사들을 손쉽게 부릴 수 있다고 말합니다. 명名은 군인의 보직, 혹은 그에게 맡겨진 임무입니다. 형形은 밖으로 드러난 결과, 행위, 전적, 성과입니다. 군대에서는 명을 기준으로 형을 평가합니다. 즉 보직을 잘 수행하고 임무를 완수했다고 판단이 되면 '상'을 주고, 반대로 보직 수행을 소홀히 했고 임무를 완수하지 못해 결과가 시원치 않으면 '벌'을 줍니다.

　군주 또한 장수가 부하들을 다루듯 형명으로 신하를 다루면 됩니다. 각자의 보직, 임무라는 '명'에 성과와 결과라는 '형'이 부합하는지를 살펴보고, 부합했다면 상을 주고 그렇지 않으면 벌을 내려라, 그러면 신하를 수월하게 관리하고 통제할 수 있다, 이 말입니다. 한비자는 이런 대원칙으로 신하를 부린다면 신하가 임무수행에 온 힘을 쏟느라 왕권에 도전할 생각을 못 한다고 했습니다. '순명책실'循名責實, 즉 주어진 임무에 따라 결과와 전적을 평가하고 책임을 묻는다면 신하들은 상을 받고 승진도 하고 토지도 받기 위해 최선을 다할 수밖에 없겠지요. 군주는 그저 '명'을 가지고 신하들을 부리면 되고요.

법가 사상, 군주의 권술에서
국가의 인사행정학으로 발전

한비자는 형명의 술과 함께 '경청과 집단지성의 활용'이라는 대원칙에 대해서도 언급합니다. 신하들의 지혜와 힘을 최대한 빌리라는 말입니다. 안건이 있을 때 군주는 바로 자신의 의견을 내고 답을 내지 말고 철저히 입을 닫으라고 했습니다.

군주가 신하의 의견을 듣는 방법은 마치 취한 모습 같다고 할 수 있다. 신하가 입술을 열고 말문을 트도록 군주는 먼저 시작하지 않는다. 신하가 말문을 트고 입을 열도록 군주는 더욱 흐릿한 모습으로 듣고 있을 뿐이다. 신하들은 스스로 의견을 분석하게 되고 군주를 이를 통해 신하들의 의견을 상세하고 철저하게 파악하게 된다. 바퀴살 30여 개가 굴대통으로 모이듯 옳고 그른 수많은 의견이 군주에게 수렴되지만 군주는 일일이 대응하지 않는다.●

군주는 의향을 내비치지 않고 신하들이 먼저 각자의 생각을 말하게 합니다. 그리고 의견을 낸 신하에게 일을 맡깁니다. 실적 한번 내 보라고 기회를 주는 거죠. 이후 그 신하가 임무에 맞게 성과를 냈는지를 평가하면 됩니다.

현명한 군주의 길이란 지혜 있는 자로 하여금 생각을 모두 짜내게 하여 그것을 근거로 일을 결단하므로 군주로서의 지혜가 막다른 데 이르지 않는다. 그리고 슬기 있는 자로 하여금 그 재능을 스스로 알리게 하여 군주가 그것을 근거로 일을 맡기므로 군주로서의 능력이 막다른 데 이르지 않는다. (……) 이런 까닭으로 군주는 슬기롭지 않으면서도 슬기로운 자를 부리고 지혜롭지 못하면서도 지혜로운 자의 우두머리가 된다. **

이상적인 군주가 취할 정치 방식은 지혜와 기교를 버리는 일이다. 지혜와 기교를 버리지 않으면 상도常道라고 하기 어렵다. 만일 백성이 그것을 쓰면 자기 자신에게 많은 재앙이 닥칠 것이며 군주가 그것을 쓰면 나라가 망할 것이다. ***

한비자가 보기에 부하들과 지혜를 다투려는 지도자

** 『한비자』「주도」
*** 『한비자』「양권」

는 2류, 3류였습니다. 훌륭한 군주는 자기 의견을 앞세우지 않습니다. 신하들이 자유롭게 말하도록 하고 그 말을 귀 기울여 들음으로써 그들의 지혜를 빌릴 수 있지요. 요즘 말로는 '집단지성의 활용'이랄까요. 신하들이 스스로 대안을 말하고, 해결하도록 임무를 주어 국정을 이끌어 가라는 '형명의 술'은 단순히 통제를 위한 군주의 권술만을 말한 것이 아니었습니다. 이는 한비자가 생각하는 인사행정학이자 관료제 운영의 대원칙이었죠.

임무를 주었으면 권한을 주고, 간섭 말고 결과를 기다려라

한비자가 중요하게 말한 것이 또 한 가지 있습니다. "사람에게 일을 맡긴다는 것은 권세를 갖도록 하는 것"이라며, 일을 시켰으면 그만한 권한을 주라고 했습니다. 권한도 주지 않고 성과를 바라고 책임을 묻는 것은 말이 안 되지요. 사람에게 자리를 주고 임무를 부여했으면 그만한 일을 할 수 있게 권한을 이양해야 하고, 결과가 나올 때까지 간섭하지 말고 기다려야 한다고 했습니다. 그래야 신하의 능력을 활용할 수 있으니까요. 이양과 분산은 권력의 상실이 아니라 권력에 손과 발을 달아 주는 일이라고 생각했던 겁니다.

또한 "닭에게 새벽을 알리도록 하고, 고양이에게 쥐를 잡게 하듯 보직을 주라"고도 당부했습니다. 닭이 쥐를 잡을 수는 없는 노릇이고, 고양이가 새벽을 알릴 수는 없는 노릇이니 신하에게 적성과 능력에 맞는 보직을 주라는 뜻입니다. 이는 '겸관'兼官과 '겸사'兼事를 금해 한 가지 보직, 한 가지 임무를 맡기라는 말이기도 합니다. 그래야만 행정에서 신속성과 전문성을 발휘할 수 있고, 책임 소재도 분명해지기 때문입니다.

이렇듯 한비자의 '형명의 술'은 분업화, 전문화 그리고 권한의 이양과 경청의 미학까지를 모두 포괄한 이론입니다. '술'이란 단순히 관료를 통제해 권력을 공고히 하기 위한 권력자의 테크닉이 아닙니다. 출발은 거기서 했을지라도, 이론이 발전하면서 국가의 '인사행정학'으로까지 나아갔습니다.

법가는 춘추에서 전국으로 중국 사회가 크게 변화해가던 시점에 탄생했고, 영토국가로 변신한 국가가 원하는 정치적 수요에 가장 적절히 대응한 사상입니다. 넓은 땅, 많은 인구를 다스리려면 더 많은 관리가 필요하고, 많은 관리를 뽑고 부리려면 합리적인 용인술, 관료제 운영의 요령이 필요했습니다. 법가 사상은 시대적 수요에 부응해 정치를 행정의 영역으로까지 넓히고, 사회 발전에도 큰 역할을 한 셈이지요.

10

{ 날아가는 용의 구름이 걷힌다면 }
지렁이와 다를 바 없다

군주를 둘러싼 정치적 상황과 조건, 세

'법'과 '술'에 이어 '세'勢를 이야기해 보죠. '세'는 한비자 사상의 핵심개념으로, 법가에서 가장 중요한 개념이자 법가 사상의 결론이라 할 수 있습니다. 기세를 올리다, 수세에 몰리다, 전세가 역전되다, 세가 불리 혹은 유리하다, 정세가 이러하다, 형세가 좋지 않다 등 '세'는 실생활에서도 널리 쓰이는 친숙한 말이지요. 법가 사상에서도 이런 의미와 크게 다르지 않습니다. 그럼 법가의 '세'를 구체적으로 알아볼까요.

험한 산길을 혼자서 가야만 하는 상황입니다. 무섭고 떨려 발길이 안 떨어지겠지요. 하지만 여럿이 간다면 두려움은 크게 줄어듭니다. 축구 경기를 하는데 우리 편이 밀리고 있습니다. 하지만 우연치 않게 상대의 주력 선수가 부상을 당한다든지 퇴장을 당한다면 어떨까요? 수세守勢에 몰렸지만, 전세戰勢가 역전되어 상대를 몰아붙일 수 있게 되겠죠. 이는 모두 조건과 상황이 변했기 때문에 일어나는 일입니다. 안방에서는 똥개도 한 수 먹고 들어가죠. 안방이라는 조건과 상황이 자신에게 유리하기 때문입니다.

법가의 '세'는 이 같은 상황과 조건, 특히 군주를 둘러싼 정치적 상황과 조건이라 할 수 있습니다. 군주의 힘, 군주가 가진 정치적 파워, '권세'權勢라는 의미로 많이 쓰이지요.

무릇 군주가 군주인 까닭은 세 때문이다.

군주가 세를 잃으면 신하가 군주를 제압한다. 세가 아래에 있으면 군주는 신하에게 제압당한다. 세가 위에 있으면 신하가 군주에게 제압된다. 그러므로 세가 아래에 있으면 군신의 위치가 바뀐다.●

법가에서는 주로 '세'를 군주의 권력과 연관 지어 논합니다. 군주의 힘, 군주의 권력, 군주가 처한 정치적 상황과 조건. 그러나 이 조건은 단순히 수동적인 조건이 아니라 군주 자신이 얼마든지 능동적으로 만들어 갈 수 있는 조건과 상황입니다. '세'를 강하게 하는 것은 전적으로 군주의 역량이자 책임이지요. 한비자는 "말이 무거운 짐을 실은 수레를 끌면서 먼 길을 갈 수 있는 것은 말의 근육이 큰 덕분"이라 했습니다. 힘센 말처럼 군주도 힘을 가져야 합니다.

'세'는 군주의 힘이고, 군주 권력의 토대이자 근원이라 할 수 있습니다. 나라가 크건 작건 간에 군주가 천하를 제압하고 패자의 명령을 따르지 않는 제후를 토벌할 수 있는 것은 '세'가 있기 때문입니다. 최고 권력자는 힘을 가져야 합니다. 신하들에게 자신의 뜻을 관철시킬 수 있는 힘, 그것이 법가에서 말하는 '세'의 중심 의미입니다.

그런데 세는 거저 얻을 수 있는 것이 아닙니다. 무엇보다 군주가 영명해야 하고, 상과 벌로 신하들을 통제할 수 있어야 하며, 사람을 제대로 뽑아 쓰고, 정무적 판단과 결정을 똑바로 내릴 줄 알아야 합니다. 그럴 때 군주는 독자적인 힘을 가질 수 있고, 신하들보다 월등히 높은 지위에 있을 수 있습니다.

군주는 늘 그렇게 자신에게 유리하고 안정적인 정치적 조건을 만들어 나가고, 그런 상황에서 자신의 힘이 행사될 수 있게 해야겠죠. 한비자가 특히 '세'를 고민한 것은 단순히 전제 왕권을 강화하려는 목적이 아니었습니다. 당시 유일한 주권자인 군주의 권력이 안정적으로 행사되어야만 백성들의 삶도 안정될 수 있기 때문이었습니다.

법가의 정치철학 세 그리고 세의 기원 손자

'세'라는 것은 적과 나의 이로움과 해로움의 관계를 따져봐서 눈앞의 상황을 만들어 가는 것이다.•

"전쟁을 잘하는 사람은 '세'로 승리를 구하지, 사람에게서 승리를 구하지 않는다. 따라서 사람을 선발하여 '세'를 탈 수 있게 한다. 세에 맡기게 되면 병사들을 목석 굴리듯이 할 수 있다. 목석의 본성은 평탄한 곳에서는 움직이지 않지만 비탈진 곳에서는 움직이고, 모나면 멈추지만 둥근 것은 구르게 마련이다. 그러므로 전쟁을 잘하는 사람의 '세'는 마치 천 길 높은 산에서 둥근 바위를 굴리는 것과 같다. 이것이 바로 '세'이다."••

세를 가장 먼저 논한 이는 손자입니다. 손자의 세에는 두 가지 의미가 있습니다. 먼저 '아군이 적군에게 가지는 유리한 상황과 조건'입니다. 이는 장수가 여러 가지 요인을 잘 활용해 만들어 가야 합니다. 늘 적보다 유리한 상황과 조건에서 싸울 수 있게, 적에게 끌려 다니지 않고 적을 끌고 다닐 수 있게요. 쉽게 말해서 '주도

•『손자병법』「계」(計)

••『손자병법』「병세」(兵勢)

권'이라 할 수 있죠. 전쟁터에서 장수는 우리 편이 주도권을 쥐고서 싸울 수 있게 만들어야 합니다. 배수진을 치고 죽기살기로 싸워 이기는 경우도 있겠지만, 능동적으로 유리한 상황을 조성해 주도적 '세'를 잃지 않는다면 승리할 가능성이 훨씬 클 겁니다.

또 한 가지 의미는 '장수가 병사를 휘어잡는 주도권'입니다. 장수는 늘 병사와 구분되는 강력한 힘을 지녀야 합니다. 그래야 병사를 통제할 수 있고, 명령대로 부릴 수 있습니다. 상벌을 통해 병사를 강제할 수 있어야 하고 장수를 두려워하게끔 해야지요. 때에 따라서는 적보다도 장수를 더 두렵게 여길 수 있도록 병사를 움직이게 하는 장수의 권위와 힘도 바로 '세'입니다.

손자가 말한 '세'를 신도는 정치철학으로 발전시켰습니다. 장수가 힘을 가지듯 군주도 힘을 가져야 하고, 장수가 병사들을 끌고 다녀야 하듯 군주도 신하들을 끌고 갈 수 있어야 한다면서 임금의 힘, 권위, 정치적 파워로서의 '세'를 주장했지요.

날아가는 뱀이 안개 속에 노닐고 날아가는 용이 구름을 타는데 구름과 안개가 걷힌다면 이들은 지렁이와 다를 바 없게 된다. 이들이 의지할 바를 상실했기 때문이다. 현자가 어리석은 자에게 굴복하는 것은 현자의 권력이 약하기 때문이고, 어리석은 자가 현자에게 굴복하는 것은 현자의 지위가 높기 때문이다. 요 임금은 필부일 때 옆집 사람도 부릴 수가 없었다. 하지만 왕의 자리에 즉위하자 명령을 내리면 반드시 실행되고 금지하면 멈추게 되었다. 이처럼 현자는 어리석은 자를 복종시킬 수 없지만, 세와 지위는 충분히 현자를 굴복시킬 수 있다.•

그렇죠. 선한 의지를 가졌다고 해서 누가 말을 듣는 것이 아닙니다. 어질고 의롭다고 타인을 통제할 수 있는 것도 아닙니다. 높은 위치에 서 있어야 합니다. 상대보다 우월한 위치에, 우월한 조건과 상황에 서 있어야 한다는 뜻이죠. 군주가 신하들을 자신의 의지대로 부릴 수 있는 것은 군주의 덕성과 현명함이 아니라 군주로서 지닌 우월적 위치, 군주만이 가진 배타적 힘 때문일 텐데요. 그것들이 없으면 구름과 안개를 상실한 용과 뱀처럼 되는 것이고, 뭇 지렁이만도 못하게 되지요. 그러니 군주는 어떻게든 신하와 자신을 구별 지어 주고 신하를 부리게 해 주는 조건인 안개와 구름을 가져야 합니다. 그래야 늘 높은 권위와 권력을 가진 채 신하를 제어할 수 있고 무사히 나라를 끌고 갈 수 있습니다.

한비자는 궁중을 전쟁터로, 신하와 군주의 관계를 기본적으로 대립 관계로 보고 병가로부터 '세'의 개념을 빌려 옵니다. 앞서 "군주와 신하는 하루에도 백 번을 싸운다"는 한비자의 말을 인용했지요. 백 번씩이나 싸우

●『신자』「위덕」(威德)

는데 어떡합니까? 이겨야지요. 사실 전쟁터보다 더 살벌하게 싸우는 곳이 궁중인데요, 여기서 이기려면 군주는 언제나 든든한 '세'를 갖추고 있어야 합니다.

'형'과 '덕',
군주의 권력과 생존을 위한 두 개의 권병

한비자는 신하에게 겁박당하거나 궁중의 다른 실력자에게 시해된 왕들의 사례를 무수히 이야기합니다. '세'가 없어 필부의 처지만도 못하게 된 군주들의 비참한 말로를 끊임없이 상기시키죠. 역사적 사례를 통한 일종의 공포 마케팅이라고도 볼 수 있겠습니다. 역아易牙와 수초竪貂에게 놀아난 제나라 환공은 유폐된 채 죽음을 맞이했고, 이태李兌에게 권력을 빼앗긴 조나라 무령왕武寧王은 백 일 동안 굶다가 죽었습니다. 연왕燕王 쾌噲는 신하 자지子之에게 속아 나라를 빼앗겼고요. 제나라 민왕湣王은 요치淖齒에게 실권을 빼앗기고 발 힘줄을 잘린 채 묘당 들보에 매달려 죽고 맙니다. 군주가 세를 어떤 식으로 빼앗기는지, 송나라의 예를 보시죠.

사성司城 자한子罕이 송나라 임금에게 말하기를, "칭찬하고 상 주는 일은 백성이 좋아하는 것이니 군주께서 행하십시오. 죽이거나 처벌하는 일은 백성이 싫어하는 것이니 제가 담당하고 싶습니다"라고 하였다. 그래서 백성을 죽이거나 대신들을 처형할 경우에 송나라 임금은 "자한과 의논하라"고 하게 되었다. 일 년 지나자 신하와 백성은 그들을 죽이거나 살리는 명령이 자한에게서 나온다는 것을 알았기에 온 나라가 그쪽으로 돌아섰다. 그래서 자한이 송나라 임금을 위협하여 그 정권을 빼앗았지만 법으로는 금할 수 없었다.●

저런, 형벌을 내리는 권한을 신하에게 내주다니요. 꽉 움켜쥐고 절대 놓지 말아야 하는 권한인데 말입니다. 군주가 발톱과 이빨을 잃었으니 누가 두려워할까요? 한비자는 "호랑이가 능히 개를 굴복시킬 수 있는 까닭은 발톱과 어금니를 가졌기 때문인데, 호랑이가 발톱과 어금니를 버리고 개로 하여금 쓰게 한다면 호랑이가 개에게 굴복할 것"이라고 했습니다. 송나라 군주는 발톱과 어금니를 스스로 남에게 갖다 바친 셈이죠. 형벌을 내릴 권한을 내주다니, '세'를 잃을 수밖에요.

그런데 한비자는 징벌뿐 아니라 포상도 이야기합니다. 상을 주고 베풀 권한도 있어야 한다고요. 그것이 '덕'입니다.

"현명한 군주가 신하를 제어하기 위하여 의존하는 것은 다만 두 개의 권병權柄, 즉 형刑과 덕德이다. 처벌하여 죽

이는 것을 '형', 칭찬하여 상 주는 것을 '덕'이라 한다."●●

이렇듯 벌과 상은 권력자가 가져야 할 두 가지 전력입니다. 벌뿐 아니라 상도 군주의 '세'를 강화하므로 상을 내리는 권한도 반드시 움켜쥐어야 하겠지요. 사람들은 대개 벌을 두려워하고 상을 득으로 여기니, 군주가 직접 형을 집행하고 덕을 베푼다면 신하들은 늘 군주를 두려워할 것이라는 말입니다.

이에 더해 사악한 신하를 경계하라고 경고합니다. 권력욕이 강하고 권모술수에 능하며 이미 세력기반이 탄탄한 신하는 수시로 군주의 저 두 가지 무기에 접근하려 틈을 노리니까요. 앞서 말한 송나라 자한은 벌을 내리는 권한을 빼앗았고, 제나라의 실력자 전상田常은 작위와 봉록을 내리는 권한을 빼앗았습니다. 그 결과 전상 또한 세력이 막강해지고 민심을 장악해 결국 임금을 시해하고 제나라를 집어삼켰지요. 강태공姜太公의 나라, 제나라는 강姜씨의 제나라에서 전田씨의 제나라로 바뀌고 말았습니다.

그런데 이러한 '세'와 앞에서 말한 '술'에 더해져야 할 것이 있습니다. 한비자는 군주의 정치적 권위를 만들어 내는 데는 민심, 즉 백성의 지지와 동의도 중요하다고 말합니다. 군주의 정치가 백성에게 혜택을 주고 삶을 개선할 수 있어야 궁극적으로 군주의 '세'가 강해진다고 역설합니다. 백성이 임금이 정치를 잘하고 있다고 확신하고 임금의 편이 되어 줄 때, 군주의 '세'가 든든해지고 신하들도 더욱 충성하게 되겠지요. 법가, 정말 근대적인 군주관과 정치관을 보여 주지 않습니까? 이 부분은 다음 장에서 자세히 다루어 보겠습니다.

11

백성이 성인을 따르는 것은
베풀었기 때문이다

인간은 '세'에만 굴복할 뿐,
의를 따르는 자는 적다

공자는 천하의 성인이다. 행실을 닦고 온 천하를 돌아다
녔다. 온 천하가 그 인을 좋아하고 그 의를 찬미하였으나
제자가 된 자는 일흔 명뿐이었다.•

천하의 성인 공자. 하지만 그는 늘 백수였습니다. 천
하를 돌아다녔지만 취직을 못했고, 상갓집 개와 같다는
말까지도 들었죠. 결국 많은 제자들이 공자 학단에서
이탈했습니다. 스승이 권력의 중심부로 가지 못하니 스
승 밑에 있다간 언제 일자리가 생길지 기약이 없었으니
까요.

•『한비자』「오두」

노 애공哀公은 하질의 군주이나, 남면하여 나라의 군주 노릇을 하자 경내 백성이 감히 복종하지 않을 수 없었다. 백성이란 본래 세에 굴복하니 세는 실로 사람을 쉽게 복종시킬 수 있다. 그러므로 공자가 도리어 신하가 되고 애공이 도리어 군주가 되었다.•

공자는 고국 노나라에서 벼슬을 하긴 했지만 실질적 권한이 없는 오피니언 리더 내지 원로에 가까웠습니다. 천하의 성인 공자를 신하로 부려먹은 애공은 노나라 대부들에게 휘둘리는 허수아비 군주였습니다만, 어쨌거나 군주였고 우월한 지위와 힘이 있었죠. 공자를 오라 가라 하며 부릴 수 있는 '세'가 있었던 겁니다.

그래서 한비자는 군주는 무조건 '세'를 가져야 한다고 했고, "인간은 본래 세에 굴복하지만 의를 따를 수 있는 자는 아주 적다"면서 인의를 주장하는 유가를 비웃었습니다.

세상의 학자들은 군주에게 의견을 말할 때 권력의 세를 몰아 간악한 신하들을 혼내 주라 하지 않고, 모두 인의라든가 은혜로운 사랑을 말할 뿐이다. 한편, 세상의 군주는 인의라는 명분에 이끌려서 그 실상을 간파하려 하지 않는다. 이런 까닭에 심하면 나라를 망치고 자신도 죽으며,

그보다 덜하다 해도 영토가 깎이고 군주의 권위가 낮아진다.^{●●}

신하와 군주의 이익이 서로 달라 모순되기 때문이다. 무엇으로 이를 밝힐 수 있는가. 말하자면 군주의 이익이란 능력이 있어야만 관직을 맡기는 데 있으며 신하의 이익이란 무능한 그대로도 일자리를 얻는 데 있다. 그러므로 군주의 이익이란 공로가 있어야만 작록을 주는 데 있으며 신하의 이익이란 공로가 없어도 부귀해지는 데 있다. 또 군주의 이익이란 호걸로 하여금 능력을 발휘하도록 하는 데 있으며 신하의 이익이란 파당을 짜 사리를 도모하는 데 있다. 이런 까닭에 나라의 영토가 줄어도 사가私家의 부는 늘고 군주의 지위는 낮아져도 대신의 권한은 막중해진다.^{●●●}

신하와 군주는 이해관계가 엇갈리기 때문에 신하에게 은혜를 베푼다든가 인간적으로 믿고 대우하지 말라는 얘기입니다. 그랬다가는 나라의 영토가 줄고 군주의 위신이 떨어진다는 거죠. 도리어 신하는 패거리를 만들고 사익을 도모해 세력이 커지고요.

인의나 자비로는 내가 원하는 대로 상대를 움직일 수 없습니다. 신하가 날 위해 충성하고, 날 위해 능력을 발휘하게 할 수 없습니다. 백성이 선량하게 살고 일탈행

●●『한비자』「간겁시신」
●●●『한비자』「고분」

위를 하지 않게 할 수도 없습니다. 그래서 현명한 군주는 '세'를 만들 수 있어야 합니다.

현명한 군주는 천하 사람으로 하여금 자신을 위하여 보지 않을 수 없게끔, 자신을 위하여 총기 있게 듣지 않을 수 없게끔 한다. 그러므로 자신은 궁중 깊숙이 있으면서도 천하 사람이 능히 그의 눈을 가릴 수 없으며 그를 속일 수도 없다. 이는 무슨 까닭인가? 군주를 현혹하고 어지럽히는 길을 물리치고 총명해질 수 있는 세를 만들었기 때문이다. 그러므로 세에 잘 맡기면 나라가 안전하고 세에 따를 줄 모르면 나라가 위태로워진다.•

인의나 자비가 아닌 '법'과 '술'이라는 수단을 써서 신하가 군주를 위해서 보고 듣고 일하도록 강제해야 한다는 말입니다. 따르지 않을 수 없게 상황과 조건을 만들어 압박하는 세를 조성해야만 왕권을 침해받지 않고 나라도 안정된다는 것이 바로 법가의 논리였습니다.

천자 옹립은 천하를 잘 통치해
세상을 이롭게 하라는 것

그런데 법가 사상을 두고 존군론, 군주권 강화에만 몰입한 사상이라는 오해를 하곤 합니다. 한비자나 상앙은 강력한 전제군주제 또는 왕권이 자의적으로 행사되는 독재정치를 구상한 인물로 여겨지고요. 과연 그럴까요?

당시에 유일한 주권자는 군주였습니다. 법가뿐만 아니라 누구도 그걸 부정하지 않았죠. 군주 중심의 정치체제에서 어차피 유일한 주권자는 군주였고, 어느 사상가도 군주란 존재를 머릿속에서 지운 채 사유하지 않았습니다. 군주가 유일한 정치 주권자라는 것이 피할 수 없는 전제 조건이라면 왕권이 최대한 안정되어야 하고, 그럴 수 있도록 조건을 만들어 놓아야 한다는 것이 법가의 생각이었습니다. 그것을 위한 정치적 장치가 바로 법과 술이고요. 그렇게 조건이 만들어져서 군주의 '세'가 단단해야 정치가 안정되고 국력이 강해지며, 무엇보다 혼란이 최소화되어 백성의 삶 역시 안정될 수 있다고 본 것입니다.

법가는 군주가 유일한 주권자라는 사실을 인정했지만, 유가처럼 천명을 받았다거나 신비한 수사로 포장하지 않습니다. 오히려 수단적인 존재로 보곤 했죠. 신도는 이렇게 말합니다.

옛날에 천자를 세워서 그를 귀하게 대우하는 것은 그 한 사람을 이롭게 하기 위해서가 아니다. 천하에 한 명의 귀한 사람이 없으면 이치가 통할 수 있는 방법이 없는데 이치를 통하게 해야 천하를 위할 수 있다고 말한다. 그러므로 천자를 세워서 천하를 이롭게 하는 것이지, 천하를 세워서 천자를 이롭게 하는 것이 아니다. 나라에 군주를 세워서 나라를 위해야 하는 것이지, 나라를 세워서 군주를 위해서는 안 된다.●

입군위민入君爲民, 천자를 옹립하고 귀하게 여기는 까닭은 천하를 잘 통치해 세상을 이롭게 하고 혼란을 막고 질서를 부여하기 위해서일 뿐이라는 주장입니다. 한비자와 상앙도 마찬가지입니다. 밖으로는 약육강식의 정글 같은 국제환경, 안으로는 인구가 늘고 쟁탈이 빈번한 이익사회의 출현, 이렇게 시대가 당면한 문제를 해결하기 위한 수단으로서 군주와 군주 중심의 법치를 말했을 뿐입니다. 군주 하나 잘 먹고 잘 살고 절대권력을 누려야 한다는 이야기가 아니었죠. 군주는 법을 통해 세상을 이롭게 해야 하고 안정을 구현해야 한다는 것이 그들의 생각이었습니다.

법은 지키지 않을 수가 없는 것이니 나라의 존망과 치란이 법에 달려 있으며 성군이 천하의 대의를 행사하는 수단이다. 군신, 상하, 귀천, 모두가 준수해야 하기 때문에 법이라 하는 것이다.●●

● 『신자』「위덕」

●● 『관자』「임법」(任法)

군주도 사적 의지를 배제하고 법을 따라야 하며, 사람을 쓸 때 신하의 지혜를 빌리고 권한을 이양할 수도 있어야 한다, 이를 두고 법가에서는 '무위'無爲라고 말하기도 합니다. 무위 하면 보통 노자를 떠올리고 도가를 떠올리지만, 도가만이 전유하는 이상은 아닙니다. 공자가 가장 먼저 말했고, 법가에서도 중요시하는 정치적 이상 내지 개념입니다. 법가에서는 군주의 사적 의지 배제와 체력 방전 방지, 군신 간의 명확한 업무 분담의 맥락에서 무위를 강조했죠. 법가에서 보는 군주는 당대의 문제를 해결하기 위한 수단적 존재였습니다.

군주란 천하가 힘을 합쳐서 함께 추대하므로 편안할 수 있고 많은 사람이 마음을 같이하여 함께 내세우므로 존엄할 수 있다.

옛날에 능히 공과 명성을 다 이룰 수 있었던 자는 많은 사람이 힘으로 돕고 측근이 정성으로 친분을 맺고 먼 자가 명성으로 칭찬하며 신분이 높은 자가 세를 가지고 추대하였기 때문이다. 이와 같이 하므로 태산 같은 공을 나라에 길이 세우고 일월 같은 명성을 오래도록 천지에 드러낼 수 있었다. ●●●

법가의 군주관,
공익의 담지자로서 민본사상이 핵심

한비자는 임금이 천명을 받았다느니 뒤에 하늘이 있다느니 그런 말은 하지 않았습니다. 다만, 많은 사람들이 세상을 평안하게 해 보라며 추대해서 군주가 만들어졌다고 이야기했죠. 따라서 군주가 된 사람은 반드시 공公을 생각하며 천하를 다스려야 한다고요.

성인이 천하를 다스릴 수 있음은 베푸는 데에 있지 스스로 취하는 데에 있는 게 아니다. 백성이 성인을 따르는 것은 성인이 그들에게 베풀었기 때문이다.•

천하는 군주 자신의 것이 아닙니다. 공천하公天下입니다. 그러니 베풀어야 합니다. 그래야 백성에게 군주가 될 수 있습니다. 어쩌면 민본을 말하는 유가 사상보다 더 민본주의자가 아닌가 싶을 정도로 법가 사상은 군주에게 좋은 정치를 요구합니다. 단순히 말과 수사만으로가 아니라 현실화할 수 있는 사회공학 프로그램을 준비하고, 그걸 법으로 명확히 정해 밀어붙였습니다. 그러나 단지 그렇게 만들어진 '법'과 신하를 다스리는 '술'만으로 '세'가 강해지고 공고해질 수는 없으며, 정치를 잘해 백성의 지지를 얻어야 한다고 했습니다.

•『한비자』「공명」

활이 약한데도 화살이 높이 나는 것은 바람을 타기 때문이다. 자신은 어리석어도 명령이 행해지는 것은 많은 사람에게 도움을 얻기 때문이다.●●

자정자兹鄭子가 손수레를 끌고 높은 다리 위를 오르려고 하였으나 버틸 수가 없었다. 자정이 수레멍이에 걸터앉아 노래를 부르자 앞에 가던 자가 멈추고 뒤에 오던 자가 달려와 수레가 이내 올라갔다. 만일 자정에게 사람들을 끌어 모을 재주가 없었다면 힘을 다하여 죽을 지경이 되었어도 수레는 올라가지 못하였을 것이다. 지금 수고를 하지 않고서도 수레를 올라가게 할 수 있었던 것은 사람들을 끌어 모으는 재주를 가졌기 때문이다.●●●

법과 술에 더해 민심까지 얻어 임금의 세를 확고히 한다, 거기서 그치지 말고 그렇게 강해진 세로 백성에게 다시 이로움을 줘야 한다, 그렇게 백성의 신뢰와 지지를 얻으면 결과적으로 세의 궁극적 완성이 이루어진다, 순환적이지요. 한비자가 절대군주제의 옹호자가 아니라는 사실이 뚜렷이 드러납니다.

이렇게 법가만의 군주관과 민본사상을 들여다보면 왜 한비자가 진에서 죽음을 당했는지 이해가 갑니다. 군주를 수단으로 생각하고, 임금을 백성의 이익 증진

●● 『신자』 「위덕」
●●● 『한비자』 「외저설 우하」

을 위한 도구로 생각한 부분이 진시황을 자극하지 않았을까요. 법가에게 법은 그 자체가 목적이 아닙니다. 법으로서 권력이 확고해지는 군주 또한 목적이 아니고요. 법과 군주는 법가가 생각하는 가치를 위한 수단일 뿐이죠.

동양의 법, 법가가 말하는 법에도 철학이 있느냐, 동양에도 법철학이란 게 있느냐고들 하죠. 그런 철학이 없다고 주장하는 사람도 많습니다. 하지만 저는 분명히 있다고 봅니다. 법 자체를 절대화하거나 신성시한 게 아니라 법을 통해 구현하려는 가치가 있었다고 보기 때문입니다.

12

{ 머슴에게 품삯을 주는 것은
그래야 밭을 깊이 갈기 때문이다 }

진나라의 법,
로마의 만민법 같은 철학이 없다고?

법가 연구자 이춘식 선생은 진나라의 법과 법가 사상
을 로마의 만민법 그리고 만민법에 철학적 기초를 제공
해 준 스토아학파와 비교하며 법가 사상가들이 말하는
법치의 철학적 기초가 부실하다는 아쉬움을 이렇게 피
력한 바 있습니다.

선진 법가 사상 속에는 스토아학파가 주장했던 종족, 계
급, 부의 차이를 초월한 인간의 천부적 평등성에 대한 개
념이 근본적으로 없었다. 법가는 정치 사회적 신분의 귀
천 존비, 고하에 좌우되지 않는 공평, 공정한 법치의 시

행을 주장하였지만 이것은 천부적 평등성을 인정하고 그 평등성의 기본 위에서 시행된 것이 아니고, 군주권 확립 그리고 부국강병 달성을 위한 도구로 시행되었을 뿐이다.●

그런데 진의 법과 법가 사상가들이 말하는 법치에는 정말 근본정신이, 어떤 청사진이 없었을까요? 법가 사상가들의 텍스트를 구석구석 꼼꼼히 읽어 보면, 현대 사회과학(특히 경제학)과 함께 들여다보면, 나아가 우리 사회 현실에 비춰 보면 저는 그 생각에 동의할 수가 없습니다.

상고시대부터 전해 오는 말과 춘추의 기록을 보면, 법을 어기고 군주를 배반하며 중대한 죄를 범하는 일은 일찍이 높은 지위와 강력한 권세를 가진 대신에게서 나오지 않은 적이 없다고 한다. 그런데도 형벌의 심판에 따라 처벌받는 대상은 늘 권세 없고 가난한 이들이었다. 그래서 백성은 절망했으며 호소할 곳마저 없어지고 말았다.●●

한비자는 특권층의 횡포에 약자들이 치이고 죽어나는 일이 없도록 해야 한다며 법치의 대원칙으로 백성과 약자에 대한 보호를 강조했습니다. 이런 주장은 말로만

● 이춘식, 『춘추전국시대의 법치 사상과 세·술』, 아카넷대우 학술총서, 2002.

●●『한비자』「비내」

그친 게 아닙니다. 특권층의 횡포를 지적하고 유형화해 설명하면서 어떻게 방지할 것인지도 구체적으로 제시했지요. 상앙에게는 백성을 국력 극대화의 수단이자 부국강병을 위한 익명의 자원, 국가의 재산으로 생각하는 경향도 보이지만, 그 또한 백성을 그저 쥐어짜자는 것은 아니었습니다. 역설적으로 국가의 소중한 자원이기 때문에 보호가 필요하고, 보호를 위해 그들의 권리를 지켜 주고, 치안에 문제가 없게 하고 국방을 튼튼히 하며, 무엇보다 사유재산을 확실히 보호해 줘야 한다고 주장했다는 해석이 가능하죠. 사유재산 보호는 오직 법가에서만 명확히 한 부분으로, 조명받을 가치가 충분합니다.

토끼 한 마리가 달려가는데 백 사람이 뒤를 쫓는 것은 토끼를 나누어 백 사람의 몫으로 만들 수 있어서가 아니라 누구의 것이라는 명분이 아직 정해지지 않았기 때문입니다. (……) 성인은 반드시 법령을 위해 법관을 두었고 관리를 두어 천하의 스승이 되도록 하였으니 이것은 명분을 확정짓기 위한 것이었습니다. 명분이 확정되면 큰 사기꾼들도 곧아지고 믿음을 지키며 백성은 누구나 성실해져서 저마다 자기 자신을 다스리게 됩니다. ●●●

사유재산을 누구도 침해하지 못하게 하라. 백성의 재

산을 어떤 특권층도 건드릴 수 없게 하라. 그러면 백성이 성실해지고 부지런해진다. 굉장히 상식적인 말입니다만, 로마 만민법의 대원칙 또한 오늘날의 기준으로 보면 상식적인 말일 뿐입니다. 사유재산의 보호를 분명히 하고, 약자와 백성의 보호를 강조한 법가의 사상은 대단한 것입니다.

앞서도 설명했지만, 상앙은 백성이 법을 몰라 법을 어기고 처벌되는 일이 없도록 '백성을 찾아가는 법 교육'은 물론, 백성이 언제든 찾아가 상담할 수 있는 '열린 창구'까지 두었습니다. 그 결과 뭇 백성도 법을 근거로 귀족에게 자기 권리를 주장하기도 했습니다. 이렇게 백성의 보호에 철저했는데 고대 동양의 법치에 철학적 기초가 없었다고 하면 억울하죠.

이익은 인간을 움직이는 가장 큰 동력, "욕망을 개방하라"

법가는 기본적으로 이익이 인간을 움직이는 가장 큰 동력이라고 봅니다. 그렇기에 혼란과 무질서가 일어날 수도 있지만, 이익을 추구하는 욕망을 섣불리 부정하거나 줄이려고 해서는 안 된다고 보았죠. 외려 그런 욕망이 있어 사회경제적 발전과 국력 증강을 이룰 수 있다고 했습니다.

주인이 가산을 축내 가면서 좋은 음식을 먹이고 많은 품삯을 주는 것은 밖에서 데려온 머슴을 사랑해서가 아니다. 그렇게 해야 머슴이 밭을 깊이 갈고 김을 알뜰하게 매기 때문이다. 머슴이 힘을 다해 열심히 김을 매고 공을 들여 고르게 밭갈이를 하는 것은 주인을 사랑해서가 아니다. 그렇게 해야 좋은 음식을 대접받고 넉넉한 품삯을 받기 때문이다. 이렇게 서로 공을 들임이 부자 사이와 같으니 두루 이와 같이 하는 것은 각자 자신을 위하는 마음으로 하기 때문이다. 그러므로 사람이 세상일을 함에 있어서 이롭게 하려는 마음을 가지면 멀리 월나라 사람과도 쉽게 친해질 수 있고, 해롭게 하려는 마음을 가지면 부자 사이도 멀어지고 원망하게 된다.•

서구 경제학의 아버지 애덤 스미스가 한 말 아니냐고요? 한비자가 한 말입니다. 한비자는 자신의 이익을 최대화하려는 이기적 욕망 자체가 나쁜 것은 아니며, 그것이 잘 발휘될 때 사회가 발전하고 국가 구성원 하나하나가 잘 살 수 있다고 보았습니다. 그래서 중요한 것이 바로 '법'이죠. 각자의 이익 추구가 부딪치지 않고, 각자의 사익이 공익과 일치되도록 법과 제도를 잘 만들어야 하는 것입니다. 근대 사회부터 자본주의 시장경제가 늘 고민하는 문제를 한비자는 이미 간파한 듯합니다.

•『한비자』「외저설 좌상」

애덤 스미스에게 큰 영향을 준 사상가 버나드 맨더빌이 "탐욕이 모두를 잘살게 한다"고 했던 것처럼, 한비자는 욕망을 긍정하고, 모두가 욕망을 누리며 각자의 부가 증대하는 사회에 대한 청사진을 가지고 있었습니다. 모든 이들에게 욕망을 개방하자, 욕망을 규제하고 억압하고 통제할 게 아니라 시스템을 잘 설계해서 공익과 합치되는 방향에서 모두가 사익을 추구해 각자가 잘살게 해 보자, 그러면서 국력 신장을 도모하자. 어쩌면 모든 사회의 영원한 숙제이자 이상이겠죠. 이런 생각을 가장 먼저 분명히 한 그들에게 과연 철학과 청사진이 없었다고 할 수 있을까요?

> 통치를 잘하는 사람은 사사로움을 추구하려는 마음을 국익을 위한 마음으로 변화시키고 나라의 풍요로움을 백성의 풍요로움의 변화시켜야 한다. 그리고 관직과 봉록을 구하려는 마음을 인의를 추구하는 마음으로 바꾸게 해야 한다. 이렇게 하면 사람들은 노력하지 않고도 대도의 이치를 이룰 수 있다.●

신도가 한 말입니다. 이는 사익을 추구하는 마음을 바꾸거나 버리라는 뜻이 아닙니다. 법가는 그런 현실성 없는 이야기를 하는 사람들이 아니죠. 관직과 봉록을 구하려는 마음을 인의를 추구하는 마음으로 바꾸라고

한 것도, 성인군자의 마음을 가지라는 이야기가 아니라 사익을 추구하는 마음을 긍정하고 인정하자는 겁니다. 사익을 추구하게 하되 그것이 전체 사회의 이익과 연결되도록 하자는 얘기죠. 그러면 노력하지 않고도 대도의 이치를 이룰 수 있다는 의미입니다. 이렇듯 법가 사상에서는 고전적 자유주의의 입장이 엿보입니다.

한비자는 군주와 신하 사이의 관계를 주인과 대리인의 관계로 보고, 신하가 군주를 속이는 '정보의 비대칭성' 문제, 유능한 대리인이 될 수 있는 신하가 축출되는 '역선택'의 문제, 대리인 역할을 하는 신하의 태만으로 인한 '도덕적 해이' 문제를 집중적으로 탐구하기도 했습니다. 이 주인–대리인 문제는 국민과 국회의원, 국민과 공무원, 회사의 주주와 전문경영인, 경영인과 직원 사이에서 늘 발생할 수 있는 문제입니다. 주인–대리인 문제만이 아니라 경제학 측면에서 법가를 연구하면 놀라운 통찰을 여기저기에서 많이도 볼 수 있어요. 신도와 한비자는 계약의 문제를 이야기했고, 법가 사상가 모두가 사회적 신뢰를 말하면서 거래비용의 최소화를 논했습니다. 모두 현대 사회에서도 유효한 사유입니다. 법가 사상가들은 어떻게든 사회가 부유해지고 사회 안의 백성이 더 잘 살게 되어야 한다고 생각했기에 경제학의 근본문제, 인간의 사적 욕망과 관련된 심리를 꿰뚫어 본 것이 아닌가 싶습니다.

한비자, 개혁의 길을 포기하지 않은
구세의 선비

『한비자』「문전」問田 편에는 이런 장면이 나옵니다. 당계공堂谿公이 한비자에게 점잖게 타이르지요.

"듣건대 예를 행하고 사양해야 안전할 수 있고 행실을 닦아 지혜를 감추는 것이 성공의 길인데 선생께서는 법술을 정비하고 제도를 만들고 계시니, 제 생각에는 선생의 신상에 해가 될 것 같습니다. 그러니 위태로운 일은 접고 안전을 도모하시는 게 어떻습니까?"

한비자의 안위가 걱정되어 충고한 말이라지만, 사실상은 "몸조심해라, 그러다 너 죽는다" 하고 점잖게 협박을 한 것입니다. 그러자 한비자는 이렇게 답합니다.

"(……) 군주를 혼란시킨다는 누명을 쓸 화를 무서워해 죽음의 위협을 피해 가는 것은 자신만을 돌볼 줄 아는 이기적이고 야비한 행동입니다. 저는 차마 이기적이고 야비한 행동을 따를 수 없습니다. 그리고 어질고 지혜로운 행위를 상하게 할 수도 없습니다. 선생께서 제 안위를 걱정하시는 뜻은 알겠으나 사실 그것은 진실로 저를 해롭게 하는 것입니다."

당시 기득권층에게는 평등한 법과 백성의 이익, 약자의 안녕을 위해 개혁을 주장하는 한비자가 눈엣가시였지요. 하지만 한비자는 그런 협박에 굴해 자신의 주장을 포기하지 않겠다고 선언한 것입니다. 사실 한비자와 법가는 군주를 철저히 비인격적인 시스템, 메커니즘 안에 용해시키는 감이 있습니다. 군주의 사적 의지와 욕망을 철저히 거세하려고 했고, 공평무사함과 객관성을 통치의 영역에서 어떻게든 담보하려고 했죠. 그들의 법치에서 군주는 수단입니다. 군주를 대표로 하는 국가권력을 도구로 해서 뭇 백성의 안정된 삶을 보장하려는 게 그들의 이상이었기 때문이죠. 상앙은 아닐지 몰라도 한비자만큼은 그것이 진심이라고 생각합니다.

중국의 철학자 펑유란은 한비자를 이렇게 평가했습니다.

당시에 국가는 범위가 날로 확대되었고 조직이 날로 복잡해졌다. 옛날의 '인간사회를 다스리는 도'는 이미 적용되지 않았고 새로운 것이 필요하게 되었다. 한비의 무리는 '법술을 수립하고 제도를 설정하면', 충분히 '백성의 이익과 서민의 안녕을 도모'할 수 있다고 여겨, (그 스스로) '사망의 해악을 피해 가지' 않고, 새로이 '인간사회를 다스릴 도'를 고취했는 바, 적극적인 구세의 선비救世之士

라 할 수 있다.●

  유학자 출신으로 성리학을 학문적 기반으로 하는 펑
유란이 법가 사상가에게 이렇게 좋은 평가를 하기란 쉬
운 일은 아니었을 겁니다. 조선 시대 성리학자들이 얼
마나 법가 사상가들을 비난하고 인신공격을 일삼았습
니까. 아마도 펑유란은 백성을 사랑하는 한비자의 진
심을 믿었던 것 같습니다. 정말 한비자는 지사志士였습
니다. 그에게는 백성과 세상을 구하겠다는 신념이 있었
고, 그것을 목숨보다 중하게 생각했습니다. 결국 그 신
념을 굽히지 않은 대가로 죽임을 당했지요.
  동양철학 연구가 지나치게 유가 중심으로 치우친 병
적 쏠림 현상이 사라지고, 현대 사회과학을 배운 학자
들이 법가 텍스트를 더욱 파고든다면, 법가 사상의 위
대한 통찰이 재조명될 수 있을 겁니다. 분명히 말하고
싶습니다. 그들의 법치에도 철학과 꿈, 청사진이 있었
다고요.

 ●펑유란, 박성규 옮김, 『중국철학사 상』, 까치, 1999.

계승범, 『우리가 아는 선비는 없다』, 역사의아침, 2011

공원국, 『춘추전국 이야기 4』, 위즈덤하우스, 2017

김근배, 『애덤 스미스의 따뜻한 손』, 중앙북스, 2016

김병준, 『대통령 권력』, 지식중심, 2017

김석근·김형효·장승구·정해창·최진덕·박홍기, 『민본주의를 넘어서』, 청계, 2000

김영진, 『중국, 대국의 신화』, 성균관대학교출판부, 2015

김용일, 『한비자의 역린과 도법술세, 반만 알아도 천하를 다스린다』, 다비앤존, 2014

김예호, 『법치로 세상을 바로 세운다』, 한길사, 2010

김예호 옮김, 『한비자 정독』, 삼양미디어, 2014

버나드 맨더빌, 최윤재 옮김, 『꿀벌의 우화』, 문예출판사, 2010

상앙, 김영식 옮김, 『상군서』, 홍익출판사, 2000

상앙, 우재호 옮김, 『상군서』, 소명출판, 2005

상앙, 임동석 옮김, 『상군서』, 동서문화사, 2015

이근식, 『애덤 스미스의 고전적 자유주의』, 기파랑, 2006

이근식, 『자유주의 사회경제사상』, 한길사, 1999

이근식, 『자유와 상생』, 기파랑, 2005

이남훈, 『한비자, 피도 눈물도 없는 생존전략』, 소담출판사, 2012

이상수, 『한비자, 권력의 기술』, 웅진지식하우스, 2007

이승환, 「사회규범의 공공성에 관한 법가의 인식 1·2」,

한국철학사상연구회, 2003

이언 모리스, 이재경 옮김, 『가치관의 탄생』, 반니, 2016

이춘식, 『춘추전국시대의 법치사상과 세·술』, 아카넷, 2002

임건순, 『묵자 – 공자를 딛고 일어선 천민사상가』, 시대의창,
    2015

정위안푸, 윤지산·윤태준 옮김, 『법가, 절대권력의 기술』,
    돌베개, 2011

최윤재, 『큰손과 좀도둑의 정치경제학』, 나무와숲, 2002

최윤재, 『한비자가 나라를 살린다』, 청년사, 2000

펑유란, 박성규 옮김, 『중국철학사 상』, 까치, 1999

한비, 이운구 옮김, 『한비자 1·2』, 한길사, 2002

宋洪兵, 『韓非子解讀』, 中國人民大學出版社, 2010

宋洪兵, 『韩非子政治思想再研究』, 中國人民大學出版社, 2010

한국에서 법가 읽는 법
: '법대로' 굴러가는 사회의 시민으로 살기 위하여

2019년 11월 14일 초판 1쇄 발행

지은이
임건순

펴낸이	**펴낸곳**	**등록**	
조성웅	도서출판 유유	제406-2010-000032호(2010년 4월 2일)	

주소
경기도 파주시 책향기로 337, 301-704 (우편번호 10884)

전화	**팩스**	**홈페이지**	**전자우편**
031-957-6869	0303-3444-4645	uupress.co.kr	uupress@gmail.com
	페이스북	**트위터**	**인스타그램**
	www.facebook .com/uupress	www.twitter .com/uu_press	www.instagram .com/uupress

편집	**디자인**	**마케팅**	
조은	이기준	송세영	

제작	**인쇄**	**제책**	**물류**
제이오	(주)민언프린텍	(주)정문바인텍	책과일터

ISBN 979-11-89683-22-1 04150
      979-11-85152-36-3 (세트)

이 도서의 국립중앙도서관 출판예정도서목록(CIP)은 서지정보유통지원시스템
홈페이지(seoji.nl.go.kr)와 국가자료공동목록시스템(www.nl.go.kr/kolisnet)에서
이용하실 수 있습니다.(CIP제어번호: CIP2019039570)

이 책은 2016년에 『월간 법무사지』에 연재되었던 원고를 다듬고 정리한 것입니다.